JN409186

가장 높은 가지 끝에

시인촌 동인 시집 제10집

시인촌

새로운 도약을 꿈꾸며

시인촌 동인이 순수한 詩 창작 활동을 위한 목적으로 창립이 된지 11년이 되었습니다.

초창기의 詩에 대한 열정을 중심으로 동인들의 활동은 간단없이 이어져 하나의 역사를 만들어 왔습니다.

그러나, 지난해에는 일부 시인들이 "시인촌"의 품위를 떨어뜨리는 행동으로 여러가지 우여곡절을 겪으며 다소의 위기를 겪기도 하였지만 그러한 위기를 슬기롭게 극복하고, "지역문학"의 한계를 넘어 명실공히 전국적인 동인 활동으로 자리를 잡아 위상을 확고히 다지는 기틀을 만들었습니다.

서울, 경기양평, 강원원주, 충북제천, 경북영주, 충남천안, 대구, 충북충주 등 20여명이 넘는 동인들이 모여 전국적인 모임으로 자리를 잡아 참가 동인들의 지역도 전에 비해 넓어졌습니다.

동인 모임의 결속을 해치려는 도전은 동인들을 더욱 강하게 만드는 힘이 되었고 시에 대한 열정이나 참여 또한 전에 비해 더욱 견고해지고 있는 것은 매우 고무적인 일이었습니다.

이제 "시인촌 동인 시집"(제10집)---"가장 높은 가지 끝에"를 발간하게 된 우리들의 시적성취의 향상은 새로운 도약의 발판을 맞이하게 될 것입니다.

적극적으로 참여하여 주시고 격려하여 주신 동인 여러분들의 노고에 감사를 드립니다.

그 동안 동인들을 격려하여 주신 신기선 고문님, 전형철 고문님 지도 시인님께 경의를 표합니다.

시인촌의 1년을 돌아보며, 시인촌 문학이 더욱 도약할 기회를 가지게 될 동인지 발간을 다 함께 기뻐하며 축하하고 싶습니다.

감사합니다.

2012년 12월
시인촌 동인회장 **석시한**

차례

김세기 시인

김연덕 시인

김종관 시인

김종기 시인

박미숙 시인

심계순 시인

이순자 수필가

정선영 시인

이성준 시인

이재란 시인

진경하 수필가

최경옥 시인

황을선 시인

허종명 수필가

유창섭 시인

시인촌 지도시인

주요경력

경희대학교 경영학과 졸업

LG 산전㈜ 해외사업담당 상무이사

Elevator 사업담당 전무이사 / 자문역 역임

한국문인협회회원 / 한국시인협회회원 / 한국사진작가협회회원

시인촌 동인 / [시인촌]동인 지도시인

현) 월간 "모던포엠" 편집주간

주요작품집

너 떠난 자리에 (미래문화사)/가슴에 사는 새 (문학예술)

불잉걸 하나 내려놓고 (푸른사상) / 낯선자와의 악수 등 15권

주소: 390-841 충북 제천시 수산면 인삼로 23길 7 (시인촌)

Home: (043)653-9502/3 Mobile Phone: 010-9683-1618

E-mail: chansyoo@naver.com

홈.카페: http://cafe.daum.net/poetvillagepeople(시인촌사람들)

방송국에서 들리는 풍문

영하 16도의 차가운 날씨에
MB씨의 헌정방송국이라는 비아냥이 극에 달한 때쯤이었나?
MBC 방송국에 난데없는 해바라기가 피었단다
해바라기는 사장이 집무 중인 호텔을 찾느라고
더듬이를 늘어뜨리고
추위에 바짝 야위어 갔다 사람들은
방송국 앞에 떨어진 눈알들을 찾느라고 부산을 떨었지만,
커다란 책상 앞에서 노오란 꽃잎 시들은
키 큰 해바라기가 풀이 죽어 마지막
소리를 지르는 것을 듣고
박수를 쳤다지 오죽하면
해바라기의 반란이었겠느냐고
수군거리는 소리가 널려있는 방송국 마당엔
힘 빠진 왕초의 하수인들이 오갔다는 말도 들렸다

이젠 어디서도 왕초와의 친분을 과시하던
목소리는 숨어버리고
그분의 바지도 헐렁해졌대나 어쨌대나
뜬소문만 무성한,
방송국 앞마당엔 작은 힘없는, 순진한,
해바라기들이 소곤거리는 소리만 남았대나 어쨌대나

(*) 2012년 2월 22일 MBC 방송국 간부직원 135명(=간부 직원의 63%)이 김재철 사장의 퇴진을 촉구하는 성명을 발표하였다. 수많은 반발과 방송차질에도 불구하고 12월 현재까지 그는 '용감하게', '염치없이' 잘 버티어 내고 있다.

그리움 셈법法

누구도 설명할 수 없는
이상한 셈법이 있다 모든 덧셈과 뺄셈은
증가하거나 줄어들어야 하는데
더해도 빼어도 줄지 않고, 늘어나기만 하는
셈법이 있다 그리움은
만나면 그만큼 줄어야 하는데
만나고 나면 더욱 커진다

이런 이상한 셈이 또 어디에 있을까

마음속 빈자리는 그만큼 채워져야 하는데
만난 자리만큼 빈자리는 더 커진다
시간을 지워도 그 시간은 다시 살아나고
기다림의 시간은 더욱 길어지는
그리움의 셈법,
이 세상에서 가장 해독해 내기 어려운
덧셈과 뺄셈이다

다른 것들은 모두 몰아내고
제 혼자 존재하는
모든 생각의 블랙.홀black-hole이다

탈출하고 싶은 날

내가 나로부터 탈출하고 싶은 날이 있다

나는 나에게 질문을 던지고 나는
나에게 대답을 하지 못한다 이런 황당한 시간이
떼지어 달려드는 날은
내가 나로부터 탈출하고 싶은 날이다
적어도 사는 동안
나를 잃은 적이 없었다고 믿었던 자존심이 무너지고
그저 선심 쓰듯 주어지는 시간에 매달려 있는 내가
공처럼 튄다 반발력에 의해 더 멀리
튀어나가 돌아오기가 싫은 날에
나는 가출하고 파묻힌다 홀로 파놓은 구덩이에
함께 순장(殉葬)될 그리움들이
줄을 이었다 가만히 서서 달려가는
산능선마다 거미줄로 걸쳐져
받지도 않는 신호를 송신한다

어차피 생은
가는 길만 있는 일방통행이다 알든 모르든
지나가고 잊혀지는 모든 것이 기억 속에나 쌓이는
길고 긴 여정, 아무것도 잡히지 않는
허상 속에 갇힌 날,

내가 나로부터 탈출하고 싶은 날이다

신기선(申基宣) 시인

시인촌 고문

함경북도 청진 출생(1932) / 號는 범석凡石
1956년 동국대 국문과 졸업
1956~1957 월간 [문학과 예술] (조지훈 추천) 시 3회 추천 등단

시집 [맥박] 간행
상명대학교 상임출판위원 [상명 40년사] 발행
소설 [인간 김대중의 눈물] 간행
시집 [아리랑 산천에 흐르는 눈물] 간행
서정시집 [바람의 집] 간행
[시와 시론] 시 부문 본상 수상
서사시집 [운무림 속에 한이슬의 눈물이] 발간
상화시인상 수상 / 시예술상 본상 수상 / 함경북도 문화상 수상
六十년대 사화집 동인
국제 PEN클럽 한국본부이사(1981~2005) 역임 / 한국현대시인협회부회장 역임
국제 PEN클럽 한국본부 남북문화교류위원장(2005) 역임
신필림(영화사.신상옥) 기획 및 선전 담당 / 동협상사(주)(영화사.김효천) 기획실장
대종출판사 및 대종영화사(변장호) 주간
현. 소백의 사람들 회장, 한국문인협회 고문 / 현대시인협회 고문
현. 시인촌 동인 고문

주소 ; 395-811 충북 단양군 대강면 당동리 169-8
전화 ; 010-8774-2128

강은 흐르며 말한다

아쉬움이, 그리움이
기다림이 물들어
쫑알쫑알 제 말을 하며
흐르는 강

숱한 애환의 세월을 싣고
사랑을 나르는
흐르는 강

사랑이 흘린 물방울
슬픔이 흘린 물방울

물로 빚은 눈물을 만들며
흐르고 또 흐르는 강

뒤따라 오며
노래 부르고

뒤따라 가며
이야기하는
많은 물 자식 만들며
엄마의 강은 흐르고 있다

꽃이 질 때

저 꽃이 지는 것이 싫어서
사랑의 끝선을
긋고 싶어요

저 꽃이 사랑의 아픔으로
지는 것이 싫어서
사랑의 끝선을
긋고 싶어요

저 꽃이 기다림,
그리움에 지는 것이 싫어서

내 마음 뒷창에
숨겨놓은 사랑의 끝선을
긋고 싶어요

저 꽃이 흩날리며 질 때
꽃이 내 사랑이 되고
나는 꽃의 사랑이 되어
사랑의 끝선을 지우고 있어요

산의 독백

며칠 산을 안 보았더니
산이, 산마다 돌변하고 있었다

단풍이 타던 산이
밥 탄 누룽지 산이 되어 있었다

나무는 하나, 하나
시든 이파리를 벗고
앙상한 해골의
나무가 되어 있었다

그래도 산은
아무 말이 없었다

흐르는 세상도
탓하지 않았다

자연의 섭리대로
가을산은 같이, 같이 숨 쉬며

땅속 깊이, 깊이
뿌리와 씨앗을 다듬으며
푸른 세월의 꿈을 꾸고 있었다

전형철 시인
시인촌 고문

월간모던포엠발행인
세종문화예술협회회장
세계모던포엠작가회대표
전인문학회장
사)한국방송언론인협회예술분과위원장

저서 [바람의 파문], [꽃향기 서러운 날] 외 5권

외줄사랑

화려한 문신으로
가슴에 각인되는 사랑보다
늦은 가을의 햇살 속에
풀잎처럼 드러누운 겸손한 사랑으로
누군가의 가슴에 담기고 싶다

살며 외로워 흔들릴 때
문득 돌아다 본 그늘진 자리
민둥산 골짜기마다
슬픔의 숲은 불길처럼 일어서고
불혹의 나이테를 드러내고
벌목된 나무처럼 사지를 뒤틀며 나뒹굴어
세상 속에서 잊혀지는 것만큼 슬픈 일은 없으리라

모진 세월 옹이진 가슴에서
굽어드는 욕망이 빠져나간 자리
내 눈은 맑고 깨끗한 하늘의 빛이었으면 좋겠다
조용한 메아리로 무늬지는
무욕의 사랑 하나 가슴에 담고
외줄을 그네 타며
허공을 고집하는 직녀의 거미줄처럼…

長山別曲
– 운무

안개 숲에 가리운 장산
그 깊은 흐느낌이 너무도 섧다
선열한 피보라 능선 가득 짙어지고
뻐꾸기 앞서 간 울음 따라
해그림자 뉘엿 했을 때

섧은 넋
잠 못 이룬
내 낡은 봉분에
안개비 시리도록 내려
지금은 적요를 꿈꾸다 숨져간 노을

높은 뫼, 깊은 골
스미듯 저미듯
뿌옇게 일어섰다
눈물 속에 가라앉는
첩첩의 운무

장산 길고 긴 뫼
안개 숲에 날아들어
흔적을 지우면
산그늘 머리 풀고
소쩍새 애달피 목놓아 우는 밤

동백

붉은 목숨
푸른 바람에
소리없이 떨구고도
세상을 희롱하는
고매한 기품을 보라

짜디 짠 해풍에
햇살을 빌어 와
꽃잎 어루는
절대 호명 속

한 목숨
가없이 덜어
송두리째 낙화하는
붉디 붉은 단심

뉘 있어
저 붉은 피울음
소리없이 삭여내고
속 타는 애달음 안아 뉠까

검붉은 치맛폭
지천에 흩뿌리며
붉은 울음으로
공명의 깃을 치는
절개의 귀품이여

창천(彰天)에
쏘아 올린
지상의 절규

구만리 장천(長天)
애환의 몸짓으로
피다
진
핏빛의 무지개

시인촌 동인시집 제10집

가장 높은 가지 끝에

구인순 시인

월간모던포엠 시부문 신인상
월간모던포엠 이사
세계모던포엠작가회경기지회회원
모던포엠 동인
서울문학 동인
시인촌 동인
달빛문학회 회장
저서 [푸른 밤 천길 같은 고요 속에]
공저 [바람 타는 하늘에] 외 다수
제8회 모던포엠문학상 은상 수상

E-mail ; ssn9105@hanmail
현 주소 ; 412-754 경기도 고양시 덕양구 화정동 달빛현대A 404-903
연락처/휴대폰 ; 010-9032-9105

비움의 미학
– 한 폭의 산수화

공간을 배경으로 자리 잡은 사물
가득 채워지지 않아 여백을 가늠할 수 없다
공(空), 내면은 보이지 않으나
바람의 숨결을 타고 한 점 구름 흘러가는 소리
그 여운의 끝에 울려나오는 공명의 소리, 그리고 빛
고요한 변화로 어둠의 경계를 허물고
무채색 짙은 호소력으로 다가오면
칠흑 같은 장막의 둘레를 벗어나는
여백의 힘과 정적인 미의 결집
차원을 넘나드는 독특한 선의 질감이
투명한 그림자로 윤곽을 드러낸다
담백한 채색, 덧칠하지 않는 여유로움 속
한가롭게 살아 숨 쉬는 풍광
공간을 유영하는 선을 타고
채움은 비움의 미학 안에서 완성된다

시작노트

한 생의 흔적, 비움의 미학 속에 묻으리

요란한 속내만큼이나 세상살이 시련도 깁나 보다
길 잃은 저 빗줄기 속 가슴 쓸어내리는 회한의 한숨소린 또 어떠할는지…….

영혼, 가을 하늘처럼 푸르길 소원하며 보이지 않는 마음의 조각을 이어붙여 자작나무 숲 속을 서성대던 눈길 이젠 여백 속에 내려놓으려 한다.

내면에 들끓어 오르는 사변의 의식을 지우고 비움의 미학을 배우려 뙤약볕 아래의 달궈진 모래 같은 마음 새벽이슬로 축이며 가을이 곱게 묻어오는 달빛을 닮아 보리라.

심중에 무념한 이 있으면 야속타 생각 말며 내 무심하여 그대에게 무념하여도 서러워 마소서. 우중에 갇힌 심사 애련하더니 햇살 빛 부셔도 그 심중에서 벗어날 수 없음이니…….,

바람에 구르는 한 잎 낙엽의 사유도 알지 못하는 이가 어이 비움의 미학을 알리오만 가는 세월 무념코 부는 바람 덧없음에 부질없이 왔다가는 모든 인연, 비움의 미학 안에 부디 내려놓을 수 있기를….,

나부상(裸婦像)
– 스케치. 1

고요 속에 사각사각 켄트지 위를 달리는
연필 소리가 적막을 곡선으로 나눈다
깍지 낀 두 손,
살짝 치켜든 턱,
하늘로부터 내려오던 선이
어깨에서 매듭지어지는 굵고 짧은 팔,
탄력 있는 가슴 아래
생명을 키운 봉곳한 배,
그녀가 뿜어내는 호흡을 걸친 어느 산자락
팔부능선이다
삶을 이끌고 온 근육으로 우람하고 힘찬 다리,
대지를 굳게 디딘 실팍한 종아리,
투박하지만 힘이 넘쳐흐르고
봄에 씨 뿌려 가을 거두는
한 생을 살아온 선이 강한 여자
생명의 힘이 몸을 타고 내려와
지나온 세월의 삶을 부둥켜안고
생명을 키워 내던 욕망,
나부의 선을 만들었다

정물의 하나가 된 절제된 자세를 따라
강렬한 빛이 흘러내린다. 그 빛이
뚝뚝 떨어져
뭉쳐지는 의연함 속에 도드라진 선이 그려내는
여체가
숨죽이는 공간을 만든다.

추상
– 스케치. 2

투시, 사물의 착점을 벗어나
찰라에 잡히는 형상의 자유로운 변신은
관념을 벗어난 해탈인가
시각에 중첩 조명하여, 어디에도
매이지 않고 흔들리는 심층 세계다

쏟아지는 빛, 그리고 그림자 너머
현란한 파고의 동선으로
점차 선이 생략되는 추상의 길이다

추상은 흔들림으로 뒤섞이고
허상은 실존을 향하여
죽어있던 사물에 생명과 감성을 불어넣는다

구상 속에서
비구상으로 넘어가는 공간
탈출로는 없다

형식을 벗어난 비상
본질의 아름다움을 뛰어 넘으려는
감각이 일군 추상의 세계가 깊다

붉은 기다림
- 능소화

허공을 휘감는 억센 줄기 위
열정의 혼으로 피어나는 꽃
하늘을 향해 귀 열고
진홍빛 혈흔, 굳은 절개로 하늘을 품었어라
뒤틀린 넝쿨 하늘을 휘감아 돌며
애련한 꽃잎 회한으로 남았는데
저리도 아픈 몸짓을 뉘가 눈부시다 하는가
오지 않는 임 기다리는 장탄식이
바람의 등을 타고 저물 녘 서산의 눈물꽃으로 피면
천년을 사랑을 지피든 열정을 품고
송두리째 낙화하는 붉은 넋의 노래
능소화 눈물의 향기 바람에 실어 임께로 보내는가.

정리

쏟아져 나올 듯
어둠 속에 감추었던 저마다의 시선
세월만 묵혀 넘쳐난 창고
추억에 대한 허욕으로 간직하고
버려야 할 것 못 버린 것들의 아우성,
내 것이었어도 내 것이 아니고
내 것이 아닌 것도 내 것인 것이 없는
필요할 것도 없는 갖은 상념 뒤집어쓰고
홀로 앓는 가슴 같이
애착도 집착도 시간이 만들어낸 고질병인걸

탈출해야지

빈 가슴, 바람도 자유롭게 드나들 수 있는 공간
누구에게도, 무엇에도 부딪치지 않게
스스로 만들어낸 구속을 과감히 털어버리고
무엇을 남겨두어야 할까?

적막 속의 소동을 바라본다

시인촌 동인시집 제10집

가장 높은 가지 끝에

김세기 시인

시인촌 동인

주소 ; 경기도 여주군 금사면 상호리 146-2
전화 ; 010-8741-8672
메일 ; negsk@naver.com

겨울잠

어느 날
한줄기 빛을 따라나온 세상
누군가 속삭였습니다
길에서 길을 잃을 것이라고

울타리 밖으로 떠밀리지 않으려
돋아났던 가슴 털 뽑아 날리고
욕심의 향기는 고통을 잊게 하였습니다

이제
텅 빈 가슴은 몸을 마비시켜
빈 가슴 웅크리고 긴 잠을 청합니다

이 겨울잠 끝나면
찢겨진 가슴에 새살 돋아
다시, 처음 그 하늘을 보겠습니다

가을의 말씀

하늘은 높이 멀어져 가고
흰구름 고요히 떠도는 가을날
따스한 오후의 햇살 속에서
찬바람의 매서운 발톱 그림자를 본다

가을이 잠시 머무는 계절이라 느끼는 것은
뜨거웠던 심장이 식어가기 때문일까
계절을 이겨낸 저 나무는
새로운 시작을 위하여 온몸을 털어내는데

어울리지 않은 봄날의 꿈과
땀으로 배설된 한여름의 욕망
가진 것이 아닌 걸쳐진 모든 것을 버리는 가을,
뼛속까지 시리도록 자신을 드러내는 겨울을 견디기 위해
버리는 것이 얻는 것임을
가을이 온몸으로 말한다

김세기 시인

11월 산에 오르며

태양을 넉넉히 감싸 안던 푸르른 산들이
점점 붉은색을 덧칠해가고 있다
작은 바람에도 신음을 하며
제 몸을 털어 낸다

억만년을 이어온 반복의 시간은
죽음과 환생을 이어온 연결 고리일까

나는
산을 오르는 이유를 아직 모르며
가을 단풍에 빠져들고
고운 자태로 반복되는 떠남을 통하여 거목을 키워내는
저 산을 모르면서

산을 넘어온 차가운 바람마저 슬픈 소리로
떠남을 전하여 주는데
나는 그저 바라만 보고 있다

김연덕 시인

1956년 원주출생
월간모던포엠 시부문 신인상
월간모던포엠이사
세계모던포엠작가회 강원지회회원,
달빛문학회원, 시인촌 동인
숲해설가, 원주시사회복지협의회 대의원
토지 시낭송회원, 논객닷컴 시향칼럼리스트
현 원주경찰서 재직

저서 "들꽃세상 동네꽃이야기", " 바람의 변주곡"

메일 ; kkyydd2000@hanmail.net
현주소 ; 220-925 원주시 호저면 매호리 매화마을 새매길 10
전화 ; 010-2790-9356

사랑에 빠지는 밤

분 내음 담장을 넘고
연지곤지 빠알간 살 내음
자욱하게 지붕 위로 새어나오는 날

수없이 피고 지던 모란과
허공을 날아다니던 정 주린 나비가 만나

수 없이 주고받는 입맞춤
살아서 한번 느끼는 꿈결

세월의 베개 위에
하룻밤 빛나는 별빛이 있었다

홑이불 속에서
청실홍실로 주고받는 밀회

옥빛 반지 하나 아랫목으로 굴러가고
흙 죽 갓끈 하나 스르르 풀려 횃댓보 위에 걸리니

남색 저고리 고름 모란 꽃잎 되어 떨어지고
연두색 댓님 나비 되어 날았다

하루종일 흔들리던 자귀나무 잎들도
초승달 아래 꽃술을 맞대며 사랑에 빠지는 밤

시작노트

생은 계를 지킬 수 없는 세상, 세상을 태어나 나만이 품고 온 사랑이 있다.

고요한 사랑, 출렁거리지 않는 사랑, 결국 내가 지향하는 것들은 나와 함께하지 않았다

꽃피는 계절과 비 내리는 계절, 풍성한 계절과 웅크리는 계절을 지나오면서 더욱더 어리석은 자리에 들어앉아 사랑을 잃고 슬피 울고 있을 적, 욕망 그것은 최고의 애욕이었다 욕망의 쾌락을 좇지 않는 나는 없음이다.

사랑하기에 고요하고 사랑하기에 평온한 가슴 침착한 사랑 노래하며 기쁨 가득하면 그뿐 나는 나를 다스리는 사랑을 하고 있다

청정하나 세상에 말하고 움직이면 부끄러운 것 사랑한 자들에게 뒤집어 씌우는 부도덕 그 누가 사랑하지 않고 살리요만 사랑한 자에게는 날카로운 비판을 사랑하지 않는 자에게는 온유함을 말하는 옳지 않은 사람들 그 속에 나도 있고 진화론의 다윈도 있고 테카르트도 고뇌도 있고 소크라테스도 악처의 거슬림에 결론없이 끝낸 사랑도 있다

오늘날 두려움 없이 사랑에 대해 말한다. 사랑은 선과 악의 고리 양쪽의 얽매임에서 벗어나는 일

즐겁게 죽음으로 가는 행복이라고 무작정 사랑하자고

*) 이 시대 사랑노래만 했다고 지탄받을 수 있으나 시대적 고뇌는 이미 제2시집 바람의 변주곡에서 세상에 말했다.

백로

솔가지에 바람이 부는 때
날아가야지

바람 부는 때에는
은빛 송사리 몇 마리 쪼아 먹기도 하고
모래 목욕을 하기도 하고

솔가지에 바람 자는 때
돌아와야지

바람 자는 때에는
고운 빛 서산 노을 등지기도 하고
검은 어둠 날개 깃으로 품기도 하며

긴 목을 날개 속에 꺾어 넣고
잠들어야지

바람이 솔가지를 깨울 때까지
바람이 깃털 흔들어 깨울 때까지

사랑은

사랑은
스쳐 지나가는 바람으로 홑옷을 짓는 날

봄밤의 꽃과
봄밤의 달이 잠자지 않듯
내어주고 받아주는 보드라운 오르내림

하늘까지 올라가고
땅까지도 내려오고

밤새 따스한 마음끼리 취해
온갖 아름다움을 펼치는 의례를

엷지만 두텁고
짧지만 긴 하늘 옷을 짓는 일

사랑은
꾸밈없이 아름다운 홑옷을 입는 일

그대 잊었나요

그대 잊었나요
봄날 종달새가 높이 날아오르던 강변

마음 부풀어 해질 녘까지
무작정 종달새 울음만 들으며 말없이 걷고

여름날 소나기를 피해
숲 속에서 가슴 뛰던 일을

비가 그친 후에야 비로소 느끼고
서로 옷깃을 놓았던 수줍음

그대 진작 잊었나요
가을날 학교 운동장 은행나무

노오란 은행잎이
어깨 위에 수북이 쌓일 때까지 속삭이던 설레임

겨울날 속눈썹에 내려앉은 고운 눈
서로 불어주며 얼굴 붉히다

공연히 그대 가슴 닮은
순백의 눈밭에 누워 숨 가쁘던 날들

봄 들판 무작정 해질 녘까지 걷던 부풀음
여름 소나기 내리든 숲 속 골짜기의 수줍음

그대 이젠 아예 잊었나요
가을 노오란 속삭임과 순백의 눈밭에 누워 숨 가쁘던 설렘들을

사랑이란

타오를 수밖에 없는 불기둥
흐를 수밖에 없는 촛농

사랑이란
오히려, 마른 가슴은 불타지 않고
젖은 가슴에 거세게 지펴지는 불꽃

사랑하는 사람에게만 보이는
신비의 광채

타오르기만 하는 불기둥 하나와
흐르기만 하는 촛농 한줄기가 어울려

다짐 하나의 눈빛 속삭임만으로
밝히는 영혼의 비밀

바스락거리는 풀 먹인 옥양목
이불 홑청의 사각거림에서 생겨나

문풍지도 모르게 팔랑거리다
입김만으로 끌 수 있는 촛불

사랑이란 다짐 하나만으로
세상을 밝히는 신비한 불빛

규방 탈출

세월이 멈춰선 어느 고택
별당 앞에 서면

바람 막아주던 창호지 한군데
유난히 둥글게 찢어진 구멍이 있다

방안에서
문을 나서지 못하든 규방의 눈들

구멍 난 창호지 둥근 틈새로
세상 나들이를 하려 하고 있었다

별당 서문에 뚫린 문풍지 구멍
규방 새댁들 세상으로 달려나가고 싶은 욕망

세상을 내다보며 법도를 찢어내던
탈출구가 있었다

시인촌 동인시집 제10집

가장 높은 가지 끝에

김종관 시인

경기도 김포 출생
월간 모던포엠 시, 수필 등단
월간 모던포엠 이사
세계모던포엠작가회 회원
모던포엠 동인, 달빛문학 동인
중앙대학교 공과대학 졸업
인하대학교 공학대학원 졸업
해병대 제대(병 433기,포항근무)
풍창건설(주) 현장소장(이사)

메일 ; jgkim1051@hanmail.net
주소 ; 인천 광역시 부평구 세월천로 53
전화 ; (032) 502 - 1051(자택) / 010 - 2732 - 1051

비 오는 날은

비 오는 날은
모두 다 잊고 일탈을 하고 싶다.

야트막한 뚝방 위에
아늑한 천막을 치고 손깍지 끼고
그 속에 눕고 싶다.

후드득! 빗소리 들으며
소 뜯기던 어린 시절
잠시 회상에 젖고 싶다.

호박잎 우산 삼아
책보 둘러맨 까까머리
뚝방 길을 뛰어가고

저 멀리 뚝방 끝
높다란 미루나무
연이 걸려 날고 싶어하는 곳

앞마당 풀섶에는
빠알간 꽈리나무
섬돌엔 까아만 고무신

봉당에선 할아버지가
작두로 소여물을 썰고
고염나무 뒷곁
굴뚝엔 연기 모락모락 오르는
옛시절 옛내음

어느덧 뚝방 위 천막에는
추억이 익어간다.

시작노트

건설현장에 30년 가까이 몸담아 온 현실에서 비가 오면 자연스럽게 현장이 정지된다. 곧, 비 오는 날은 휴일로 등식화 되어, 이처럼 비가 요란스레 오면 만사 젖혀두고 포근한 곳 찾아 휴식을 취하고 싶다.

게으른 사람 핑계 대기 쉽고 부지런한 사람 일하기 좋다는 가랑비가 내리는 날이라도 핑계김에 전자를 택하고 싶다.

실개천이 흐르는 적당한 곳에 어항 몇 개 설치하고 야트막한 뚝방 위에 천막 쳐 놓고…. 붕어 미꾸리 호박 썰어 넣은 매운탕은 매운내를 풍기며 양은냄비에서 보글보글, 옛친구와 도란도란, 가물가물 추억을 들추어내며 그 시절로 잠시 돌아가고 싶다.

"친구 소식 들었어?"

"글쎄.."

기억의 저편에서 모락모락 피어오르는 까까머리 떠올리곤 애써 망각의 심연에 마중물 듬뿍 부어 조심스레 펌프질한다. 적자생존의 사회적 현실 앞에 열심히 앞만 보고 달려온 지난 시절의 덧없음을 열심히 토해내는, 친구의 귀밑머리 서설이 저나 나나 비슷함에 세월의 무상함을…. 할아버지 할머니 됨에 세월은 누구에게나 공평한 속도로 운운. 호칭의 격상에 씁쓰레한 미소 지으며 말없이 씁쓸한 탁주 주거니 받거니, 채워지면 비워내고 비워내면 채워지고.

"여보게! 이 사람아! 천천히 가세나. 비가 오면 쉬어가고 햇살 뜨거우면 나뭇그늘에서 쉬고 우리 함께 그렇게 함세.."

뜨락의 가을

여름 내내 진한 향을
창 너머 날리던 옥잠화도
싸늘한 기운에
누우런 잎 떨구고 맥없이 고개 숙였다

위풍당당!
뜨락의 포식자로 군림하던 사마귀도
차가운 밤이슬에
서슬 퍼런 기세를 누그러뜨리고
처연히 아침 햇살에 몸을 덥히고

나뭇잎을 똘똘 말아놓고 속으로 들어간 애벌레는
또 다른 시절을 기약하는지
호랑거미는 처마와 우듬지 사이
빈 거미줄 새로이 고쳐 매고
속 빈 날벌레만 매달린 거미줄 사이로
뜨락의 가을은 달려간다

청라 매립지

귀밑머리 허연 사내가
새벽 녘 청라 매립지에
찾아든다

수십여 년 전
떨구어진 기억 한 조각 건지려
어둠 속을 두레박질한다

짭조름한 작은 생명
우글대던 장구염아
뻘밭 속 까까머리 친구야
붉은 물결 나문재며 갈탕게가 그립구나

해질 녘 투망질에 묵직한 망둥이며
방울낚시 딸랑딸랑 갯숭어 소식에
먹거리가 풍성하네

뚝방 넘어 아늑한 곳
갈잎 모아 태우는 뽀오얀 연기
찌그러진 양은냄비 속에서 물은 끓고

깔깔대는 까까머리.
수평선 위 파렴, 매렴,
저 멀리 작약도며 갈매기도 궁금하여 기웃거리는
아스라한 청라 갯뻘
낙조며 나문재며
모닥불에 추억은 붉게 물들어 간다.

바다 곳간 내어준 지 오래
옛 내음 갯바람 앞에
우뚝 서있는 청라 신도시

일직선으로 뻗은 고속도로
줄지어 서있는 회색의 콘크리트 덩어리
굉음을 내뿜는 중장비

하늘을 가로지르는 다리 위에
잠시 걸터앉은 석양은
전설의 추억을 반추하며
어느덧 세월은 겹쳐져 간다

비 오는 날의 고향집

처마 끝
봉당 위로 떨어지는 낙숫물은
제비꽃의 갈증을 달래주고

굵은 빗줄기는
처마밑을 돌아들어
군불 땔 매지미 겨를
촉촉이 적십니다

부엌 아궁이에서는
타닥! 솔가지가 타고
자그마한 옹솥에서는
옥수수가 칙칙! 김을 내며
비에 젖은 봉당의 흙내와 함께
마루의 섬돌로 올라서고

곁두리 할머니는
자그마한 소쿠리에
김 나는 노란 옥수수를
수북이 내오십니다

뒤꼍의 고염나무는
힘없이 애기고염을 떨구고
불이 내어 내려앉는 굴뚝의 연기는
툇마루 문지방을 넘어서고

매운 연기에 선잠 깬 아이는
물끄러미
비에 흥건히 젖은
봉당의 고무신을 쳐다봅니다

원두막의 추억

무더운 여름날, 원두막엔
선잠 깬 아이가 우두커니 앉아 있습니다.

하늘이 갑자기 어두워지더니
포도밭 자그마한 원두막에 빗방울이,
멍석을 깔린 원두막으로 비가 들이칩니다.
장대에 말아 위로 올렸던 비닐을 내려오고,
빗줄기가 요란스럽게 비닐 채양을 때립니다.

원두막 귀퉁이로 내다보이는 바깥세상,
야트막한 콘크리트 말짱 위로 포도넝쿨이 기어가고
커다란 포도잎에 떨어지는 소나기,
하얀 봉투에 몸을 숨긴 포도는
이파리를 타고 떨어지는 빗방울에 젖고,
원두막 사다리 밑에 벗어던진 까만 고무신엔
낙숫물이 흥건히 채워집니다.

어머니는 머리에 흰수건 두르시고
포도밭에서 광주리에 따놓은 포도가 되고,
소나기에 흠뻑 젖어도 아랑곳하지 않으십니다
하루 몇 차례뿐인 읍내버스에 실릴
광주리에 포도가 가득합니다
나무상자로 포도가 걸어 들어갑니다

원두막 풀섶
풀벌레 소리를 들으며
포도를 담아내는 어머니,
상자는 차곡차곡 쌓이고, 빈 광주리는 포개지고,
떨어진 포도알은 자그마한 소반에 담기고
어머니는 신작로 저 멀리 바라봅니다
읍내버스는 오늘도 원두막 앞에 설 것입니다

포도밭 귀퉁이의 자그마한 참외밭에는
빗방울에 세수를 끝낸
수줍은 노오란 얼굴들이 고개를 내밀고
꼬마 앞에는 마알간 청포도가 한송이,
단내를 맡은 풍뎅이가 원두막으로 날아듭니다

어느 무더운 여름날, 원두막엔,
선잠 깬 아이가 우두커니 앉아있습니다.

시인촌 동인시집 제10집

가장 높은 가지 끝에

김종기 시인

월간 [모던포엠] 추천작품상(시조)으로 등단
송학면 무도1리 노인회장
서예교실 특선
제천 시창작 과정 2년 수료

공저:[머물다 간 자리] 동인작품집

주소 : 390-811 충북 제천시 송학면 무도리 218-8
전화 : 010-5642-7686

가여운 새, 착한 바람

눈 덮인 천지에서 무얼 먹고사느냐
손 시려 발 시려 배고파 울던 작은 새야
따스한 햇살을 베고 울밑에서 조는구나

엄마 품에 안겨 노는 고운 꿈 깨울세라
바람도 뒤꿈치 들고 조심조심 비껴간다
심술궂은 바람이어도 착한 마음 있었구나

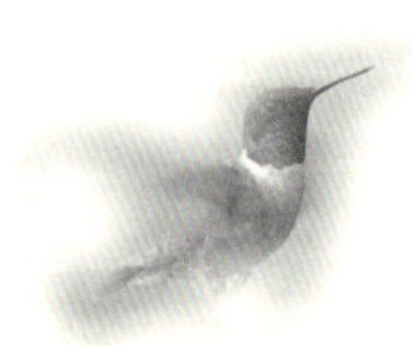

허수아비

추수 끝난 빈 들판에 할 일 없는 허수아비
새 쫓아주던 공은 어디 가고 발가벗겨 벌 세우나
새떼도 몰라보는 빈 들판의 십자가다

여울

물소리 구슬피 흐르는 날 달은 밝은데
한 해 농사 알알이 영그는 이 가을에도
바람소리 물소리 풀벌레 소리 들판에 가득

강나루 기슭에 빨갛게 물든 단풍잎 속에
그리움만 남기고 떠난 사람 어른거려
한밤에도 여울처럼 마음은 어지럽네

이런 밤 아름다운 추억에 나 혼자 외로워
내 마음 달래려고 강물 소리 보내 주었나
쉬지 않고 노래하더니 여울도 울었네

잡초

이 세상에 유명인사 많고 많은데
나는 한 떨기 이름도 없는 잡초
초록은 동색 가재는 게 편이라지만

베어내도 뽑아내도 통째로 파내 버려도
굳세기도 하여라 당할 수 없네
살초제 사다 뿌려 전멸시켜도 되살아나네

한동안 쥐 죽은 듯 숨어있는 여전한 잡초
농약 뿌려 죽인 생명 헤일 수 없는 업보
언제나 풀과 싸워 업을 쌓는 농사꾼인걸

성현의 말씀에 인과응보라 했는데
그 말씀에 누가 농사를 지을까 걱정이 되네
오호라, 다음 생에 그 업보 어찌 갚을까

감자

힘겨운 보릿고개 혼자 넘던 시절,
무슨 인연 깊어서 같이 넘어준 씨눈 수만 개
어디서 왔느냐고 다독여 물어봤다네

조무래기 별나라 별 눈 박힌 씨감자들
씨눈 다 도려내고도 보릿고개 넘겨주었지
좀생이 작은 눈만 귀향하려고 꿈꾸네

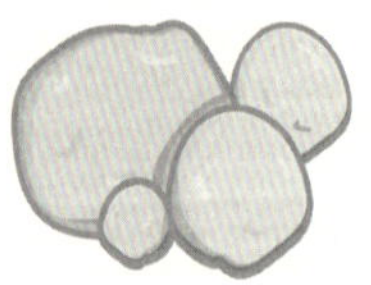

박미숙 시인

천안 출생
계간 "문예시대" 신인상으로 등단
시인촌 동인

E-mail pms2277@hanmail.net
연락처/휴대폰 ; 010 - 8948 -9813
현 주소 ; 330-110 충남 천안시 동남구 다가동 국민아파트 나동 501호

헐렁한 하루

점점
꺼져가는 네온사인 무리지어 귀가를 서두르고
허름한 포장마차 헐렁한 하루가 어둠에 누워도
한 무리의 사내들
왁자한 고단함, 술병이 달그락거리며 신음을 토해낸다

하루살이 엇박자로 흔들려
세월의 풍화작용에 마모되는 꿈,
꼼꼼히 생의 축대를 다시 쌓아도
눈물 같은 슬픔만 긴 멀미로 오고

가슴과 가슴 하얀 백지로 사위어
채우지 못한 하루,
몇 번이고 몇 번이고
한숨으로 내뿜어내는 희뿌연 연기

텅 비어가는 소주병의 숫자로 그어지는
허기진 나이테,
쓸쓸히 이슥한 밤은 뒹굴고
그 겨운 어깨를 내려놓지 못해
백열등 불빛 취기(醉氣)가 몽롱하다

게슴츠레 풀린 동공 허구로 남아
원하지 않아도 지상의 모든 것들은
저 홀로 공중부양 중
상한 것들의 비늘을 털어내듯 술잔을 비우고

빛바랜 시간 무심히 길을 잃어
휘청거리는 생각은
볼품없는 전신주에 걸려 자꾸 넘어져도
아직은 멈출 수 없어 호기(豪氣)를 가장한 채
내일은 또 해장술 한 잔에
팽팽한 생의 밧줄을 끌어당기리라

파장을 서두르는 술잔에
짓무른 가슴, 헹구고 돌아들 가고
별똥별 하나
뒤엉킨 몇 조각 꿈

포물선을 그리며 긴 꼬리를 감추는 새벽길

세상을 저울질하는 외진 발걸음
한뎃잠을 자는 달,
창백하다

시작노트

헐렁한 하루

IMF 이후 직장인들의 평생직장이란 말이 무색할 정도로 해고와 명퇴로 갑자기 직장을 잃고 한 가정의 가장이 거리를 배회하며 직장을 찾아 기웃거리는 모습에서 안타까운 현실을 저 또한 조마조마한 마음으로 지켜봐야 했습니다.

매일 매스컴에서 보도되는 아찔한 현실의 가정붕괴와 거리의 노숙자가 되어 십 년 이십 년 오직 한 직장에서 외길 인생을 살아온 그들에게 할 수 있는 일이라고는 직장 내에서의 일뿐인데 일 년이면 몇 번씩 명퇴로 너 아니면 나일 테지 하는 조바심과 눈치로 하루하루를 보내야 하는 그 피를 말리는 현실감은 가족한테 내색조차 못하고 가장으로서 생과 사의 기로가 아니었을까 합니다. 그때, 월급쟁이 서민의 주머니에서 포장마차 희미한 등불 아래 고단한 하루의 지친 어깨를 그나마 푸념으로 털어내듯 달래줄 수 있었던 것이 어쩌면 그 한 잔의 술이 될 수도 있었겠구나 싶었습니다.

아무한테도 그 응어리로 다가오는 슬픔을 털어놓을 수 없는 가장의 오만이 아닌 자존심이 아니었을까?

그 서민들의 애환과 삶의 고단함이 왁자하게 머물다 오가는 진솔한 이야기가 있는 곳, 어쩌면 때로 술을 마실 줄 안다면 투박하지만 꾸밈이 없는 그곳에서 삶의 이야기를 한번쯤 허심탄회하게 나눠보는 것도 참 좋으리라 여겨봅니다.

아마도 헐렁한 하루를 포장마차에서 그렇게 내려놓지 않을까 하는 마음으로 2012.06.07에 문득 적어본 글이랍니다.

가슴 속 바다

쩍쩍 갈라진 밭 이랑
가뭄이 갈겨쓴 상형문자
하늘 향한 기도, 숱한 날

갈라진 몸, 고랑에 누워
빗소리에 신음을 토한다

가슴 속 말 들킬세라
눈치만 키가 자라
거친 손 애써 감추며
바람에 버무려 날려 보낸 한숨

한 때는 청초한 찔레꽃이었을 당신
그 꽃송이로 슬어놓은 정(情)
이제 남겨진 건 쓸쓸한 뒷모습 뿐

간절한 묵언
빗방울이 되어
가슴 속 가득 채워질지라도
거북등이 된 삭신, 빗물 스며
눅눅한 세월로 흐르면 치유될 수 있을까

햇살을 당겨 느낌표를 걸어놓고도
마음은
시들시들 한 것을 그 누가 알까

세월의 더께
푸른 이끼 가득
마디마디 욱신거리는 흔적
비틀거리는 삶의 저편에서 접근해 오는
비릿한 가슴 속 바다는 여전히 풍랑주의보

여전히 비는 내리고

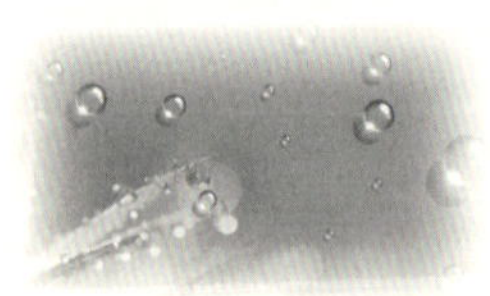

겨울나무의 序

느릿한
흑백의 풍경으로 오는 하루
스쳐 간 秒針을 깨운다

아직 지우지 못한 멍에
속살 하얗게 갈라진 푸념
덕지덕지 표피가 되어 붙어있다

멈추어 선 시계의 태엽인 양
회색빛 낮은 하늘 낮달로 놓여
우듬지 하늘 이고
아무도 모르게
허허로운 침묵, 신중하다

나이테의 빗금 겹겹이 그어 놓은 채
묵묵히 실을 뽑는 거미가 되어
팽팽히 당기는 세월

녹슨 표지판 속 낯선 이름
침침한 기억을 토해 저문 숲
가녀린 血脈마다 숨을 불어넣고 있는 것일까

흰 가지 끝 바람 잔 능선
아무렇지도 않은 양 그림자 짙게 등 뒤로 다가와
애증으로 결핍된 가슴 보듬어
행렬로 선 생(生)
어둠은 빛의 배경으로 누워 옅은 곡선을 그려 놓고,

밑줄을 그으며 그 경계에
꽃이 피고 꽃이 지는 일
다만
내색하지 않는 쓸쓸한 풍경
쉼표가 되어 돌아눕는다

잊었던 너도 있고
잊었던 나도 있고
그 길 위에 나란히 서서,

언제쯤
하얀 꽃으로 핀 각질
수액 흘러 몸단장하고
무디어진 바람에 낯을 붉히며
햇잎을 틔울 수 있을까

얼기설기 저 밑동의 땅 아래
해빙의 지문을 헐어
물의 속살 묵정밭으로 흘러
잠시 헝클어진 삶
눅눅한 잠을 털어내고
잔가지 끝, 새순을 틔우기 위해 들숨 날숨 가쁠 터

행여
아무도 모르게

그리움 밀물이 되고, 썰물이 되고

밀물은 끊임없이
산란(産卵)을 하며
제 고통을 끌어안고 부서지고

먼 수평선
닿을 듯 닿을 수 없어
오도 가도 못하는 그리움
모반(母班)처럼 번진다

길을 잃고
시퍼런 바다빛 가득
모래 위에 점점이 찍으며
한 生을 살아오며 쓰다가 지운
몸짓

갈증으로 끼적인 사연
상처로 남아
저토록 붉고 비린 넋 하나
수장된 혼(魂)이 되었을까

가슴 속
날을 세운 세월
결코 외면할 수 없는 흔적
숱한 모래알이 된 것일까

모질게
등 떠밀리며
빠져나간 그 언저리
천년의 그리움 썰물이 되고
태초의 외로움
깊은 수심 속 나신(裸身)으로 누워
막막한 어둠은 갯펄처럼 등을 세운다

부산한 파도의 몸부림
하많은 눈물로 찰랑이고
걷히지 않는 회색빛 안개 속,
너는 다만 섬인 것을.

별은 어디로 갔을까

허공중에 燈인 양 걸려
꺼지지 않은 아파트 불빛, 어둠의 이력을 감추고

별을 대신한다

아슴한 추억
별들은 이미 세월의 숱한 강을 건너
바람이 지나는 길을 따라간 것일까
별은 도심을 탈주한 현행범, 오리무중이다

소음조차 잠을 청한 시간
가로등 뒷짐을 진 채 졸음을 물고
또아리를 튼 슬픈 전설
한 때는
그리도 빛나던 목동의 별이었는데
스테파네트 아가씨를 찾아 나선 것일까

낙하한 별들의 무덤
해독할 수 없는 암호 가득
나열한 수배자의 이름을 꼼꼼히 되짚어도
먼 이별처럼
가슴에 깃든 아픈 소실점(消失点)으로 남았다

유년을 박음질하던 골목길에서
하나 둘 꿈으로 돌아와 일기장 속 채록된 언어
반짝이는 것들은 소리 없이 길을 떠나
잊혀진 것들의 무덤 앞에서 조문(弔問)을 서두른다

은하계를 따라 총총하던 그 별빛
허물어진 세월 너머
낡은 기억의 행간을 오가며
파르라니 떨군 잎마다 여린 바람소리로 누워
버리지 못한 밤의 언어
소음 가득한 도심을 배회할 뿐
그리운 것들은 길을 떠난 후, 소식이 없다.

그 별은 어디로 간 것일까

은닉된 것들 모두 스러져
오늘도
수배 중

박옥하 시인

강원 원주 출생
한국시 신인상 등단
시인촌 동인
[시인촌]시 창작과정 2년 수료
현. 태명실업 근무
월간 [모던포엠] 문학상 금상 수상

시집 ; [바람도 잠든 바다] (2009)
공저 : [비워둔 가슴] 등 6권의 동인시집

E-mail : kmpoh@hanmail.net
주소 : 충북 제천시 고암동 부강아파트 102동 206호
전화 : 010-9511-1143

폭설이 내리던 날

하얀 눈 위에
혹여
어머니 발자국 남아 있을까
그 겨울
내 집 오시던 길
오늘은 길조차 지워지는
폭설 경보

암 투병 중
누워도 버거운 몸,
출가한 여식 김장 걱정에
눈 맞으며 달려와 담아주시고
흐뭇해하시던,

어머니!

병상에서 해는 바뀌고
끊어질 듯 이어지는 숨 몰아쉬면서
눈시울 적시며 말없이 바라만 보다

모든 생명이 눈 뜨는
청명에
목숨보다 소중한 칠남매, 막내,
가슴에다 접어 넣고
눈을 감으며 흘리던 눈물

그날의
어머니 눈물,
가슴에서 솟구쳐 나와
폭설이 되어 쏟아집니다.

어떤 삶

비가 내린다
가라앉아 젖은 마음은
자신보다 먼저 의식해야 할 그들이 있어
가슴은 언제나 비워 두고
자정이 넘어서
지친 몸 끌고 들어오면
잠든 밤은 고요한,
손잡이 틀어 귀를 대고
들려오는 숨소리
마주칠 시간의 여유도 없는
삶의 시간들
힘겨워 의문이 스친다
여기서 멈추고
이승에서 저승의 문턱을,

아니지, 그래, 그래도 살아야지
숨 쉬고 있다는 것
세상에 존재하고 있다는 것
이것이 행복이지 달래며
일어서는 몸은 결려
신음 소리도 끊어질 듯 목에서 튀어나와
거세지는 빗소리 속으로 스며든다

폭포

동백꽃 얼굴 내밀지 못한 겨울
폭포가 힘차게 떨어지고
깊은 곳으로 끌려들어가 넓은 세상 찾아가는 길
바다 속 새 삶이 시작되는 모태의 자궁,
독경소리 들려오는 고요한 산사
108배 올리며 손바닥 접고 펴는
넓은 세상 더 높게 오르려는
간절한 기도
욕심 비운다던, 마음속
비워지기도 전에 소망은 108개가 되어버리고,
가슴 한쪽에 숨어있다 작은 틈새 뚫고
나오는 욕심은 놓지를 못하는데
하늘 푸른 해탈문 밖에는
스님의 독경소리만 산을 울린다

섬으로 가는 길

나는 왜 멀게만 보이는지
손 내밀면 닿을 것 같은 작은 섬
파도가 출렁이면 더욱 멀어지는,

안개비 장막을 두른 섬은
아무것도 내보이지 않는데
풀잎에 맺힌 이슬은
그렁그렁한 그리움으로
매달렸다 사라지고
비릿한 바닷바람은
섬으로 섬으로 달려가
동백꽃은 빨갛게 피어났는데,
그저 쪼그리고 앉아
꽃잎 지기도 전 몸을 던져 떨어지는
동백꽃의 비밀만
곰곰이 생각하다가

섬으로 가는 길

이른 봄 청보리로 웃자라
섬에서 불어오는 바람의 말
들어보는 일뿐이었네
섬은 바다에 잠겨
파도의 출렁임에 넋을 잃고
더 이상 빠져나올 생각을 하지 않는데
알 수 없는 생각은 날아서
수면 위로, 구름 위로 걷다가
절벽 위 암자에서 들리는 독경소리 따라가고,
섬은
바다에 잠겨 무슨 생각 하고 있는지

환승역

유리창 안 가득한 얼굴들
생각에 생각을 채운 로댕의 모습으로
어디쯤에서 또 다른 인생길
꿈을 안고
열차에 실려 달려가고 있다
차창 밖으로 꿈들은 가지를 치며 드나드는데
시작의 정점은 찍혀있지 않았다
세상의 빛을 보던 그때부터
삶은
환승열차를 타고 온 것이 아닐까
가끔은 덜컹덜컹 흔들리는 차체처럼
흔들리는 세상 바라보며
핏줄처럼 갈라진 수많은 길
어떤 길을 선택 하여야 하는지
제자리에서 떠나지 못하고
잠시 멈춰 서있는 환승역

선택하지도 선택되지도 못한 망설임 앞으로
또 다른 열차가 떠나가고, 마주 달려오는,
창마다 다른 색깔들이 몰려와
스쳐 가는 삶

어느 한 세월, 어느 날,
길을 잃고 미아가 되어 서 있는 환승역
이미 또 다른 시작을 향한
그들의 몸을 실은 열차는 떠나갔다
차디찬 바람만 엄습해오는 삭막한 세상
발걸음도 얼어붙어 떨어지지 않는
이 길은 어디서부터가 시작일까
시작도 끝도 알 수 없는 환승역에서
돌아온다는 약속, 하얗게 지워졌을 그리움
무엇을 기다리고 있는 것일까

시인촌 동인시집 제10집

가장 높은 가지 끝에

박종혁 시인

현 육군 근무
강원대 경영 대학원 수료 2006
2011 년 모던포엠 등단 " 19X19
2011년 모던포엠 최우수 신인상 수상
시인촌 동원

e-mail ; secondsadan@hanmail.net
주소 ; 390-764 충북 제천시 신백동 로즈웰 A 101동 707호
전화 ; 010-5086-7430

도깨비 바늘

인생이란 말이야
저 들판의 갈대 같은 거야
바람이 불면 수그리고
멈추면 머리를 들다가
시간이 지나 떠날 때가 되면 작은 바람에도
미련없이 훌훌 털어 보낼 줄 아는
가을 들판의 갈대 같은 거야
그 바람에 취해 걷다 보면
저무는 햇살이 가슴을 덥혀 주지
지나간 세월의 흔적들
바람에 흩어지는데
바짓가랑이에
피폐 한 줌이 달라붙어
떼어내고 떼어내도
돌아서면 뒷자락에 들러붙는
도깨비 바늘
삶에 대한 미련들이 널려 있는
가을 들판에
나부끼며 흩날리던
갈대의 꿈을 너는 알까 몰라
도깨비 바늘이 하나씩 숨겨 매달고 온 걸

시작노트

가을은 어디서든 얻어 갈 수 있는 여유로움이 있다.

사평리의 가을도 마음 한자리에 가득 채우라며 갈대도 금빛 깔린 산 아래 강물도 잔잔히 흔들며 말을 걸어온다.

소소한 상념들이 소소하게 삶의 부분 부분에 들러붙어 가녀린 풍요조차 무색하게 만들지라도 바람은 불고 갈대는 꿈을 꾼다.

독백

양철지붕 골을 타고 흘러
느닷없이
잔등을 움찔케 해도
오금 저린 곱은 손놀림
재빠르던 빨래터엔
시누이 흠이며,
새로 들인 이웃 며느리 이야기에
아낙들은 까르르, 까르르
정분 난 봄
여울 터지게 번져나가는 샘터,
두레의 무게만큼
삐걱대는 시집살이가
매운 잿물 한 사발에 풀려나가고
까끌까끌한 홑청에 햇살도 한 사발 풀려,
뽀얗게 사각대며 문질러져 풀려,
들로 시내로 내닫던
아낙들의 수런거림이 햇볕에 말려지고
아파트 베란다 한구석에 저물도록 널려
빨래가 펄럭이며 말라가는 날,
세탁기 한 대가 구석에서
외로움을 덜덜
털어내고 있다

세차

어쩌다
무슨 일이나 있어야 하게 되는 세차에
동전 몇 개 넣고 땀을 뻘뻘 흘리며
구석구석 세월을 닦는다
엉덩이 쪽에
나이만큼 눌어붙은
기름때를 박박 닦다가
녹이 벗겨진 페인트 사이로
구멍이 숭숭 난 자리를 보았다
얼핏 보아 알 수 없었던 녹난 자리,
흐릿하게
옅은 녹물을 눈물처럼 흘리고 있는 자리,
오돌토돌하게 뭉쳐 있다

나와 오랫동안 살아온
그 사람도
어딘가 세월의 흔적이 생겼겠지
혹 마음 어딘가에
자잘하게 옅은 녹물을 흘리는
작은 구멍들이 생겨
홀로 구멍을 키우고 있을지도
모르지 어쩌다 그 마음
닦아내다가
흠찔 놀랄지도 모르지

끈

찬비 내리는 날 아침
노란 무늬 고양이 한 마리가
지상에서 가장 행복했다는
표정으로
횡단보도의 중간선을
채 넘지 못하고 널브러져 있다
어딘가 가야 할
중요한 일이 있었던 듯

미처 건너지 못하고 쓰러진
흠뻑 젖은 몸뚱이는
마라톤 평야를 건너
무언가를 끝내야 만 할 일이 있었다는
전사의 몸짓이었다

이승에서의
고난으로 얽어매 있던 끈이
떨어져 나간
우는 듯 하면서도 웃는 그 표정을
급한 출근길이었어도
물어보았어야 했다

일간지 하단에
굵은 글씨의 부고란에
올라있는 검은 기사 하나가
일면식이 있는 이름 같아
자꾸만 아른거리는 아침이다

홍등(紅燈)

정육점
네온 아래
핏빛
삶의 무게들이
값싼 빛으로 치장하고
걸려 있다
선홍의 열정
채 익지 못한 비릿함이
부위별로 나이별로
살아온 역경만큼의
역비례 값어치를 매긴
서글픈 청춘 한 근이
뚝 잘려
진공청소기 빨대 같은
도시의 네온 숲으로 사라져 갔다

갑자기 도시가
술이 취한 듯 흔들거렸다

배동욱 시인

부산 출생
경북대학교 철학과 졸업(1979년)
삼성을 비롯, 여러 기업에서 근무
현재 서울의 한국통합물류협회 지식정보개발팀장으로 근무중

1980년대 후반 부산에서 다듬시 同人, 釜山慶南젊은詩人會議 회원
이후 혼자 칩거하며 詩와 놀다 2010년부터 양주문협,
2011년부터 詩人村 同人
경기신인문학상 수상
동인시집 〈겨울나라에서 온 피터팬의 편지〉 등 3권 출판

e-mail ; exdavid@naver.com
블로그 : http://blog.chosun.com/blog.screen?userId=godfirst
주소 ; 156-822 서울 동작구 사당4동 296-12
전화 ; 010-5522-7613

먼 산 먼 하늘. 2

이승을 떠나보내는 길목이지
먼 산 먼 하늘 뒤로
아득히 빈 것들 모여
다시 먼 산 먼 하늘이 되고
평생 멀기만 하던 것들
저물면 붉게 타올라
검은 산 검은 하늘이 되어서야
손에 잡힐 듯하지만
빈산 빈하늘로 사라지고

그대와 내가 서로 닿을 길 없이
심장딴곳증을 앓는
숨 막히는 이승에서
완벽하게 숨구멍을 틀어막는 것은 언제나
빈 것들

내 속의 것들조차
나도 모르는 이름으로 불려나가
돌아오지 못하고 바람으로 눕는 메아리가 되고
돌아오지 못하고 비만 뿌리는 구름이 되고
자꾸만 자꾸만 불려나가
빈 것이 되어 돌아가는 그 자리는
꽃잎만 떨구고 서는 빈자리

시작노트

가까이 가도 다가설 수 없는 거리가 멀고
먼 이편에서 꾸역꾸역 살아가는 내 모습이
지겨워지는 때가 숱하다

이 글도 그런 지겨움,
실존의 부정적 정서에서 나온 글이다
(그러나 그 어떤 진정성이라도 출생의 비밀은 그러하다)

다만 내가 나를 떠나는 길 위에 서 보고 싶다는
내가 나를 단칼에 베어 넘길 수도 있겠다는
그 비릿한 생각으로 새벽을 맞을 때
하고 많은 思辨들이 예외 없이 같잖게 여겨질 때
찬물 뒤집어쓰고 싶어질 때

달려가던 길 멈추고 돌아본다
내 영혼이 나를 따라오는지 딴 길로 샜는지...

엄나무 가시 위로 바람 불고

사소한 목숨으로 사소한 소망을 담아온 내가 가시로만 자란 엄나무에 매달려 바람으로 펄럭일 때 부처를 베고 어미를 베고 나를 베었던 무딘 칼날로 너는 심장 깊은 곳을 찔러다오

네 안에는 그래 바람의 길 햇빛 타박타박 걷는 길이 나 있어 느닷없이 바람이 불면 잘 있거라 인사할 틈도 없이 헤어지느니 오래 함께 한 너를 떠나보내면 더 오랜 영원을 헤어져야 하리 하나씩 빛을 걸러내고 어둠으로 돌아가는 길 나는 엄나무 가시 위에서 흰 날갯짓으로 퍼덕이고 너는 나무 아래에 웅크린 채 떨고 있구나

네 눈물을 내게 들키지 말아다오 네가 내 손을 마주 잡을 때마다 따스해지던 시간으로부터 늘 돌아서고 싶었다 바람이 서로 헤어져 마침내 어둠이 되는 일을 지켜보며 오늘 밤 너에게 술을 마시우고 내가 취한다 사라지는 모든 것들아 그만해도 되었다 혹여 외로우면 그때마다 살을 찢는 아픔으로 서로를 생각해내자꾸나

빈집. 3

내 집은 그냥
너른 마당이어서
문을 따지 않아도
담장을 넘지 않고도
바람이 무시로 불어 오가고
세월이 드나드는 곳
내 곳간은 늘 비어있다

안다
어떤 도둑이
어느 날엔가 내 얼굴을 훔쳐가고
하나님 전 상서도 훔쳐가고
내 뼈를 하나씩 훔쳐가기 시작한 줄을
마침내 마침내
내 빈집을 훔치며
너른 마당에서 탄식을 하며
흘리는 그의 눈물을
내가 안다

강의 이야기. 3
- 2012년 9월 22일의 江

강을 보리라고 집을 떠났다 강으로 가는 길을 찾지 못하고
살아온 이야기 속에서 살아갈 이야기가 길을 찾지 못하고
밀고 밀리는 길로만 흐르다가 그대를 만난다

강은 강으로 흘러도 거대한 어두움으로 깊어져
아무리 울어도 다 울지 못하고 남아 얼어붙는 울음
침묵과 정지의 감촉으로만 가까스로 버티는 그것
산 것도 죽은 것도 아닌 그 속에서조차 살고 싶어서
아무 생각 없이 부엌에서 양파라도 까야겠는데

버스 속 빈자리에도
지하철 터널 속에도
저물 녘의 길에도
길 위에 걸린 초승달에도
강은 알몸으로 빛나며 흐른다

강의 문을 열고
어두운 잠 위에
꽃으로 피거나 비로 내리고
바람으로 불어가는 상하고 빈 마음들
길게 자란 푸른 발톱을 곱게 잘라 주고 싶다

그대의 강을 열어다오
나의 강은 그대의 강으로 흐르고 싶다

Magic

단 한 번이라도
믿어줄 수 있겠니?
내가 솔개였다는 것을

세상의 먹구름 하늘 위
하늘로 날아올라
솟는 해와 지는 해 서로 만나지 못하는
그 멀고 먼 사이로 화살처럼 날아가
정확히 화두를 꿰뚫으며
찬란하게 몸을 사르는
맑은 魂

마법이 풀리는 마지막 날에
솔개로 돌아가리라
말해 줄 수 있겠니?

평생을 떠다녔어도
허술한 말뚝에 매인 끈
목숨 위에서 그저
흔들리며 맴돌았을 뿐이라고
고백하는 그날에

시인촌 동인시집 제10집

가장 높은 가지 끝에

석시한 시인

충북 제천 출생
고다미술관 관장
월간 [모던포엠] 신인상 등단
세계모던포엠작가회 충청지회장
시인촌 동인 회장
세명대 평생교육원 문예창작과정 1년 수료
제천 시립도서관 문예창작과정 2년 수료
월간 모던포엠 공로상 수상
공저 : [바람이 전하는 귓속말] 동인작품집 외 다수

E-mail : rhek7088@daum.net
주소 : 390-030 충북 제천시 의림동 20-62 한마음 길
전화 : 016-463-5516

춤추는 어부

동해, 푸른 바다
출렁이는 파도의 서두르는 몸짓
늙은 어부
그물망 손질 바쁘다
새벽 물길 따라가는
작은 통통배 소리를
밤샌 갈매기가 물어 나른다

밤하늘 밝히다
새벽 햇살 피하여
바다로 숨은 둥근 달, 별들이
파닥이는 낡은 그물망 속에서는
비릿한 물고기들이
별빛과 달빛을 털어낸다

달도 별도 건져 올리는
늙은 어부 웃음
아침 햇살로 번진다

시작노트
– 춤추는 어부의 행복

동해 이른 아침
낡고 작은 배로 파도 속에서
생계를 위한 늙은 어부 모습에는
꿈과 희망이 보였다.
밤하늘 수 없는 별들만큼이나
바다에 고기가 있을 것이고
둥근 달 같은 고래도 있을 것이다.

작은 배 만선을 꿈꾸는 어부
낡은 어망으로 고기를 가득 잡지 못해도
꿈과 희망 잃지 않고
만족해 하는 어부 웃음이
아침 햇살처럼 밝게 빛나기를
바라는 마음이 크다.

후회

잊어야 하는 슬픔
텅 빈 가슴
시커먼 먹물이 채워집니다

사랑했던 날만큼
잊혀지기엔
아픈 기억도 길겠지요

때 늦은 후회
어두운 밤하늘
기약 없는 별이 되어
당신을 향한 빛이 되겠습니다

흰 억새

억새 풀머리
하얗게 빛바랜 세월이 쌓였다
바람에 몸도 세월도 내어주고
속살 비비며 풀어 날리는 소리
지나간 세월의 흔적,
땅속 뿌리로 스며드는 소리
끝내 서산 너머 멈춘 저녁노을에
아쉬움 많았던 세월의 매듭들 풀어
흰 눈처럼 날려 보낸다

억새도 그렇거니

한 생을 되짚어 보는
마음도 흩날리는 가을날엔
햇살도 저리 부서지고
속내에 쌓였던 시간도 처연하다

가을 슬픔

억새 하얀 머리
강바람에 풀어 날리며
가을이 간다.

뜨겁던 여름 햇살
아직 머물러 강 위에서 부서지는데
사평리 강가에는 빛바랜 햇살만 뒹굴고

세월이 남기고 간 삶의 무게
억새꽃처럼 가볍게 흩날리고 싶은
지난날 행복했던 순간들, 힘겨운 순간들,
모두 감춘 소리
강울음이 되었다.

가을밤 별똥별 하나 긋고 사라지는 듯
짧은 영원의 순간
빛나던 젊음 떠나가는 아쉬움이
이 가을의 짐이 되었다.

시월이 남기고 간 말

시월 떠나던 날
서늘한 비바람이 불어
마른 잎 흔들며 떨구며
이별 아닌 이별을 재촉한다

떠날 때는 떠나야 하는 거라고
새로움을 만들어 내기 위한
자리 비움을 해야 한다고

화려한 아름다움이
시월 따라 떠나도
사랑하던 그날
다시 돌아올 수 있다는 기약
나뭇가지 끝에 매달아 놓은
시월의 말씀 아릿하다

시인촌 동인시집 제10집

가장 높은 가지 끝에

손동욱 시인

경북 경주 출생
영남대 정외과
동방문학 신인상 등단
시인촌 동인
[시인촌] 시 창작과정 2년 수료
제1회 시인촌 문학상 수상
공저 : [피할 수 없는 중독] 등 6권의 동인시집

홈페이지 : http://www.kamangom.wo.to
블로그 : http://blog.daum.net/kamangom
E-mail : kamangom@hanmail.net

주소 : 712-190 경북 경산시 사동 657-7
전화 : (053)801-5006, 010-6253-0777

하루

먼 산
아무 생각 없이 바라보고 싶은
아무것도 보이지 않는 유리문 밖 저 멀리
그리운 생각만으로 주춤거리다
기어코 의자에 털썩 파묻혀
유리문 너머 지친 일상들 도로 가득 몰려드는 것을 본다
건너편 건물 유리에 반사된 황홀한 노을 속에 실눈을 뜨면
가슴 안에서 허수아비 하나
바람에 끌끌 혀를 찬다
내일은 저마다 꽃을 피운 나무들
늘 아늑한 산으로 모여드는 날
아직도 겨울 진눈깨비 풀풀 날리는
비루먹은 가로수 하나 여기 내 집 앞에 서서
휘청이는데
참한 꽃들 피고 푸른 가지 풍성한 그 산으로
마음만 간다
지친 잠 끝
꿈자리 끝없이 풀어 흩어질
오늘 밤은
소주 딱 한 잔 해야겠다
내가 빠져 허우적거리는 이 하루
여기도 정말
너무 깊어

시작노트
– 하루

시인촌 5월 모임 전날
또 참석 못하게 되어 몹시 서운했다.
먹고살자니 어쩔 수 없다지만
작년 9월에 가서 항산 선생님, 양시인, 한시인, 황시인, 강시인,
이진선시인, 박시인등 같이 낚시해서 꽝치고 선생님 어항으로 잡은 피라미 매운탕 먹으며
모임을 하고 온 뒤로 이런저런 신상의 일들로 해서 8개월째 못 가고 보니
선생님도 뵙고 싶고 동인님들도 보고 싶다.
오후가 되니, 늘 혼자라 새삼스러울 것도 없지만
그래도 허전하고 더 고독하다
침묵이 숨어든 항산 선생님댁 냉장고 뒷 그늘도 너무 깊지만
고독하게 살아가는 내 하루도
정말 너무 깊어
두려울 때가 있다.

'하루'와 '시작노트'는 2010년 5월에 쓴 글이다. 환히 웃으며 맞아 주시는 선생님과 속없이 안아주는 동인님들과의 만남, 내게 있어 시인촌은 늘 이상향이며 가슴속 등잔에 불을 밝히러 가는, 말하자면 재충전의 유일한 길이며, 탁한 물속의 물고기가 수면 호흡을 하는 것이었다. 시인촌에서 새벽 2시 때로는 4시에 출발하여 돌아가면 여름엔 소쩍새 소리가 내 집 앞까지 따라오기도 하고, 겨울엔 부엉이 소리가 따라오고, 선생님댁에서 내려오는 길엔 고라니가 내 차와 함께

풀풀 뛰어 함께 가기도 하고, 집에 도착해서도 선생님 목소리와 동인들 웃음소리가 귓가에 쟁쟁하여 한참을 멍하니 앉아 있곤 했다. 시간은 머물지 않으며, 시간은 또 하나의 빗장을 채웠다. 머물지 않는 것은 늘 그리움이 된다. 돌이켜 생각하면 늘 꿈을 꾼 듯하다. 가슴에 늘 동화 같은 이야기 하나를 품고 살아간다.

그런 시인촌에 못 가는 쓸쓸함을 항산 선생님의 시 '침묵에 대한 명상'에 기대어 쓴 글이다.

겨울여행

마른 잎 가득 날리는 이 도시가 그렇고
껍질만 화려한 사랑이 그렇고
질긴 듯 허망한 인연이 그렇고
늘 산 넘어 가물가물 한 희망이 그렇고
내 삶엔 정말 낙서만 가득해져
어지러운 시간들 내내
나는 나의 언어로 너는 너의 언어로
서로 끝없이 이별하고 있었음을 이제 알겠네
저 멀리 모퉁이 돌아가는 기차 뒷모습처럼
길 떠나고 싶다
기억 텅 빈 바람처럼
마흔여섯 나의 생, 그 너절한 이야기
생각 없이 오르내리던
이 도시 어느 후미진 언덕길에
낡은 기억들 묻어두고
작별의 표징 같은 기적소리 한번 없이 떠나고 싶다
떠나는 날은 누구에게도
마지막 인사조차 하지 말아야지
언제든
조금은 아쉬운 듯 조금은 그리워할 듯
이별은 짐작도 할 수 없는 사람으로
길 떠나 돌아오지 않으면
좋겠다

그리하여
이쯤이다 싶은 어느 바람의 숲
여기쯤이다 싶은 어느 강둑 외길
마른 풀잎 촉촉이 적시는 너를
처음인 것처럼 가슴 두근거리는 설렘으로
다시 만나고 싶다
그리움 가득한 가슴으로
껍질만 화려하여 허망한 삶일지라도
너로 인하여 가슴에 푸른 잎 하나
다시 틔우고 싶다

솔개
– 고독. 16

마른 사막에서 잘라 온 겨울 한구석
붉게 번지는 노을에 날개 깃을 적시며
빌딩 꼭대기에 홀로 흔들리는
고독한 아나키스트,
오늘은 거친 날개를 접고
바람 따라 긴 휘파람을 분다

천천히
아주 천천히 석양 속으로 떠오르는 도시
도시 한 켠을
사막여우 한 무리 깔깔대며 빠르게 지나간다
나만큼이나 가벼운 존재들
천천히 눈을 감는다
저무는 겨울 햇살 누덕누덕 기워입고
비척거리며 자전거를 타고 가는 노인의 일그러진 희망이 덜걱거리는 길 위로
미끈한 세단을 타고 질주하는 번지르르한 얼굴의 허망한 욕망
기나긴 길과
길의 끄트머리
그 끝을 스치는 여행자의 피로가
천천히 숨 쉬는
지금 여기 도시 한가운데서
길을 잃다
나는 또 어디서 생겨난 바람인가
어디를 떠도는 또 하나의 허무한 욕망인가

바람이여, 내게서 등 돌리고 떠나는 바람이여
석양의 가슴에서 태어나 세상으로 가는 그대 바람이여
세상의 시작과 끝, 죽음과 삶의 경계
그 광활한 틈새를 왕래하는 날개를 갖고 싶다
편협하지 않은, 늘 있을 곳에 있을
무엇하나 함부로 흔들지 않는 날개
기단과 기단이 부딪는 바람소리 그 치열한 삶의 노래 들어
보라
나는 문득 돌아와 사라져 갈 때까지
의연하게 창공에 펼칠 날개 하나 갖고 싶다
사막보다 험한 도시
사막보다 추운 밤을 지나
길 밖에서 묻어온 삶의 내음 그리며
눈 가늘게 뜨고 가야 할
먼 길 새로이 시작되고
그리하여
또 새벽은 거짓말처럼 맑게 일어서고
그리하여 또
나는 고통 잊은 날개를 펴고 싶다
기단과 기단이 부딪는 그 아슬한 사잇길로,
내가 사랑하는
세상의 그
아슬한 사잇길로,

감자를 굽다

어찌하면
굳게 닫힌 저 시간의 빗장을 열 수 있을까

세상이 안으로 자라는
겨울이면 감자를 굽지
향긋한 낙엽과 세상을 하직한 나뭇가지
붉은 향기로 승천하는 불냄새
내 안에도 그토록 향그러운
감자 움 같은 사랑 품은 적 있었네

동성로 이층 카페였던가
아니 북성로 우동집이었을 거야
삼월, 아직 서늘한 밤바람에 몸을 떨며
눈 하나쯤 붙은 마음조각
가슴 적당한 깊이에 묻어두고
어둠으로 살살 덮어 촉촉한 소주 한 잔 적셔 두었었지
싹이 나리라 생각했지
꽃이 필 줄도 알았지
그러나 흐르는 시간들이 빗장을 닫았네
바람도 드나들 수 없는 울타리
북성로 오토바이 골목
전매청 지나 칠성 굴다리 아래 냉차 팔던 포장마차
기억을 빼곡히 채우던 세월들
유월 맑은 새벽바람에
촉촉한 별 부스러기 떨궈내며

시간이 송두리째 그대 안으로 흐르던
고요한 설렘
낮은 숨소리 들렸었나 몰라

붉은 이별이 산천을 뒤덮던 가을과
온통 눈 내리던 내 가슴을 지나
언 기억이 천천히 녹아내리던 봄날
처음엔 그냥
작은 싹 하나 자라고 있었네
뿌리 줄기에선 날마다 그리움이 부풀고
어느 날
바람에 흔들리는 잎 겨드랑이 사이로
자라 오른 꽃대 끝에 거짓말 같은 하얀 꽃 지고
햇볕 지나고 네가 왔다간 자리
너무 늦은
초록바람이 조롱조롱 매달려 있던 기억

해마다 겨울 오면
매운 연기에 눈물 훔치며
탐스럽게 부푼 그리움을 굽네
그대 기억의 노릇한 향이
시간의 빗장 사이로 번져 나오네

꽃 지는 밤

가득한 빗소리
속에 앉아 있다.
두 손을 가지런히 모으고
하늘에 계신 우리 아버지
이름이 거룩히 빛나시며 나라가 오시며
빗방울 소리가 소리에 부딪혀
소리에 의한 소리를 위한 소리의 나라
수천 수만의 빗소리를 비집고 그리움이
비눗방울처럼 위태로이 뇌리 속을
떠다니는
이런 날은 외롭지 않다
꽃잎은 어찌 질까 이런 날
빗금만 가득한 이런 날
생각만으로 눈두덩이 붉어지는 그 사람
빗금에 가렸다
무심한 휘파람 소리 하나
골목 길을 타박타박 걸어간다
가늘게 가늘게 빗금 치며 멀어져 간다
소리에 소리를 더하는
소리에 꽃이 지는 밤
하늘 가득 빗금 휘둘러대며
하늘한 시간들 뭉청 뭉청 흩어져 내리고
이런 날은 그대가 없어도

이런 날은 그대가 있어
외롭지 않다
꽃잎은 어찌 질까
생각이 자꾸
시간의 흔적 거꾸로 밟아 가는
이런 날

심계순 시인

경기도 가평 출생
월간 [한국시] 신인상 등단
시인촌 동인
세명대 평생교육원 문예창작과정 수료
단양 시창작과정 3년 수료
공저 : [문틈으로 가을은 내려앉고] 동인작품집

E-mail : simgaesoon@hanmail.net
주소 : 395-801 충북 단양군 단양읍 천동리 380-30
전화 : (043)423-0046, 018-416-3163

가을빛

삶의 무게도 힘겨운데
구부정한 등에 욕심을 한 짐 지고
정상에 오르니
해는 서산에 지고
산골짜기에 흘러내리는 어둠
단풍잎에 부서지는
가을빛

골짜기를 메우던 어둠이
손가락 사이를 감고 올라와
빛은 어둠에 안겨 잠이 든다
삶도 죽음도 서로 기대어 하나가 되는 시간,
숲들이 흘려보내는 시냇가엔
먹거미 한 마리 내려와
이 산 저 산을 잡아당겨
세상의 넓이를 좁혀 가고 있다.

시작노트

가을바람이 하도 달콤해서 찬 밤 한 덩이 싸서 짊어지고 소백산을 오르는데 가도 가도 끝이 없는 길 햇살이 골짜기마다 뚝뚝 떨어지는데 죽을 힘을 다해서 정상에 오르니 함께 가던 사람들은 다 내려가고 해는 서산에 지는데 단풍잎에 부서지는 노을빛이 어찌나 아름다운지 저것이 가을빛이구나. 하면서 서둘러 내려오는데 어느새 골짜기에는 어둠이 내리고 지난여름 태풍에 쓰러진 나무를 끌어안고 칡넝쿨이 하늘을 향해 힘겹게 오르는 모습이 늘 남에게 가족에게 이용만 당해온 내 인생을 닮은 것 같아 갑자기 슬픔이 밀려오는데 어두워지는 틈을 타 커다란 먹거미가 내려와 이 나무 저 나무를 오르내리며 사냥할 준비를 하느라 분주한 것을 보았습니다.

거미가 잡아당기는 것은 단순히 나무가 아닌 세상을 좁히는 것은 아닌가 생각이 들었습니다

가지치기

윙윙, 봄 자르는 소리
기계음에 놀라 떨어지는 햇살들
잘려나간 바람의 조각들 사이로
꿈틀꿈틀 잠자던 생명들
깨어나는 소리

제 팔 도려낸 상처 위에
까마귀가 조문을 하고 떠난 자리
떨어져 나간 상처 위에
부서진 조각들을 주워들고 잎새들이 피어난다

새끼들이 떠난 자리
바람만 불어도 그리움에
욱신욱신 몸살을 앓는데
봄비가 텅 빈 가슴에 둥지를 튼다

유년의 봄

햇살 가득한 벤치
유년의 봄을 줍고 있다

유년은 무지개로 뜨고
진달래가 활짝 핀 동산에 올라
진달래를 따 먹으며
문둥이에게 간을 빼앗기지 않으려고
나뭇가지 밟는 소리에도 놀라
도망치기도 했지

물고기를 잡는다고 계곡물을 뒤지다가
물에 빠진 생쥐 꼴로 돌아왔다 집에서 쫓겨났어도
꿈을 키워왔는데
무지개는 어디 가고 먹구름 가득한 긴 세월,
이제는 마음도 비워야지

꽃술에 내리는 안개비
바람이 꽃잎을 머리에 얹어 놓고
흰머리를 매만지며 가는데

안개비 속 세월의 흔적들,
유년의 기억들을
자꾸 끌어당긴다

소나기 내리고

불덩이가 쏟아지는 오후

햇살이 타는 목을 축이려고
개밥그릇에 물을 핥다가
낮잠자는 개를 끌어안고 누워 삼매경인데
집 나갔던 강아지
족발 하나 주워물고 들어와
어미를 깨우는 목타는 오후,

하얀 뭉게구름 뒤로 숨었던
소나기 한줄기

꽃에서 꿀을 훔치던
벌들도 굴속으로 숨어들고
타는 갈증에 목을 꺾었던 꽃들이
머리를 들고
일어서는 시원한 오후

따르릉

이십 년 동안 햇살 한 번 들어오지 않는
어둡고 습한 나의 방

안에서의 일도 내 일, 밖에서의 일도 내 일인
나는
언제나 천방지축 뛰고 또 뛴다
신은 왜 눈을 얼굴에만
두 개씩이나 두었을까
발톱 대신 눈 하나쯤 선물로 주었더라면
돌부리에 발톱이 깨지는 고통은 없었을 텐데

전화소리에 달려가다
침대모서리에 정강이뼈가 부러지는 줄 알았다
새까맣게 멍들은 정강이가
쑥 들어가서나 오지를 않는다
절뚝거리며 전화를 받으니 광고 전화
(사장님 저의 회사에서 이번에 홍삼진액이
나왔는데 드시고 건강하시라고 전화했습니다.)

화가 나서 큰소리로 외친다.
(당신이 나를 언제 사장을 시켜주었으며
내 건강을 왜 당신이 걱정해)

시인촌 동인시집 제10집

가장 높은 가지 끝에

이성준 시인

휴먼메신저 봄호 소설 "유리성"으로 등단
월간 모던포엠 시 부문 신인상
세계 모던포엠작가회 경기지회 회원
모던포엠 동인
시인촌 동인

메일 ; 9159336@hanmail.net
주소 ; 경기도 양평군 지평면 지평1리 576-15
전화 ; 016-383-7040

독백은 태양을 먹어치운다

건더기 없는 국물이
씁쌀하게 목젖을 타고 장으로 흐른다

모듬쌈을 구겨 밀어넣던 손에는
붉은 딱지들이 혀를 낼름이며 빛 위에 걸려있다
그 남자 얼굴만큼 커다란 단전 예고장
"……………………" 인터넷 정지예고장
정지
정지
입안에서 매운 고추가 씹히지만 않았어도
어둠의 몸으로 태어난 현실은
스스로 자기 몸을 깨지는 못했을 것

부리나케 물을 퍼 넣고 나서야
어둠과 빛의 경계선을 넘는다
어둠도 제 몸에 겨운 듯 빛의 먼발치를 바라보며
여전히 삐딱한 웃음의 꼬리를 만든다

노숙을 즐기는 태양이 막걸리 사발에 노랗다
무슨 큰일이라도 일어나겠니?
뉘라서 보리주먹밥에 그리도 탐이 나겠다더냐!

이따금 따그닥거리고 부딪치는 이빨소리 있다

시작노트

늘,

메마른 나에게

어딘가를 찌르듯 씀벅거리는 통증을 매만지며 지울 수 없는 기억 하나를 저장하는 일이 어쩌면 사치일지 모를 꿈 하나를 증식시키는 이야기들과 풍경들이기도 하다.

아직은 잘라내지 못한 허허로움이 차오를 때면 어김없이 달빛과 마주하며 찻잔을 든다.

무엇을 채운다는 것은 애당초 더 많은 공허를 준비하는 일이고 보면 그냥 투명의 시안으로 바라만 보아도 행복하겠다.

빛의 사서함

문 열었다
빛의 그림자가 한 움큼 들어와 자리를 잡는다
아직도 더듬어 볼 일이 남아 있었나?
멈칫, 한참을 뒤척인다
비우고 채우는 일이 얼마나 남았는가?
습관처럼 일어나 하루를 살아온 날들
어디쯤인가 접힌 쪽지보다 더 작은 초라한 일이어서
피식 웃음을 남겨두고 일어난다
어디론가 사라진 조각을 찾아 나서다
하마터면 저 깊은 절벽 끝에 가서야 기겁을 하고
되돌아와 갇혀버린,
사금파리 조각들이 널브러져 있는,
방, 문 닫았다
접근 금지

나는 너의 섬

언제나 그 자리를 지키고 있는 너의 섬
물줄기 낮게 흐르다 스며들어버린
마른 개울,
빛을 받아
기억의 꼬리를 물고 음모를 꿈꾸는 한나절,
속절없는 상처가 되었다

상처 밖으로 진물이 흘러나간 자리를 어루만지다
흔들리는 너의 붉은 마음이
내게로 전해 오고

바람으로 태어나 바람으로 돌아가는 허기진 추억들이
비워도 비워지지 않아
쫒으며 튀어 올라도
마음은 늘 그대로인 걸 어쩌랴

마음은 네 도시의 영혼을 빠져나와
먼먼 나에게로 오는 일이
너의 구원인 양 달려오고 있어도
너는 낮아서 나에게 오기엔 너무 먼 섬

나는 태고의 너를 기다리는 너의 섬

그 꽃이 아름답다고 말하는 것은

무슨 심산인지 좀처럼 일어나고 싶지 않다
이 잘근잘근 씹으며 그래도 기다려를 외친다

아침 출근전쟁 속에서
돈 사는 노동에서
퇴근 후 만나는 빨간 계고장들에게서
가끔은 탯줄을 자르고 싶은 충동이 인다
그래도 그 끝 어딘가에서는
질경이풀 같은 욕망이 언제나 재생의 테이프를 돌린다

하늘의 별똥별이 쏟아져 내리는 어느 날
그 풀꽃 욕망은 아이를 만난다
맨살로 거리로 쏟아져 나온다
꼬깃거린 마음을 펼쳐들고
그대에게 편지를 쓴다

금방이라도 쏟아질 것 같은 눈물을
햇빛 내리는 평상에 말리려 토방을 내려서면
어느새 김이 모락거린다

그대의 편지 위에 향 짙은 아침을 올려놓는다
바람으로 태어나 징그럽게 가난을 이별하지 못한 죄는
맵디매운 통로를 지나
이제야 보이는 눈으로
그대의 마음으로 건너갈 수 있어

푸석한 마음을 절이고 헹구어
그 무엇을 갖겠다고 애쓰지도 퍼내지도 않을 마음으로
가슴 시린 그대에게로 간다

흔하디 흔한 사랑을 하고 흔하디 흔한 자유를 누리려
지금 그대의 강을 건너서
어디쯤인가 외로움에 섞여있을 본성을 찾아 떠난다

새로 깨어나는 결고운 아침이 발끝에 걸려있다

삶의 긴 편지를 쓸 수 있다는 것은
이 아침을 만날 수 있기 때문이다
시방이라도 튀어오를 것 같은 물방울들이
어둠을 찢고 나온
의기양양한 이마를 빛내고 있다

강물 속에서 가을을 건지다

거울을 본다
욕정에 불타는 붉은빛의 능청을 떨며
다리를 뻗어 거울에 담근다
들여다 보면
거울 속에는 함께 담근 검은 상처의 뿌리도 보인다
뿌리를 거슬러 오르면 꼬인 인생이 거기 있어
풀고 묶던 마디마다 상처의 흔적이 길을 만들었다
푸른 마디가 서로를 묶어
감출 수 없는 길이 되었다

햇살은 아무렇지 않게
나붓나붓 이들을 섞는다
거울 속에서 섞인 이들은 은밀하게
서로에게 쪽지를 보내고
일상의 무의미가 빚어낸 반죽치고는
제법이다
서로의 깊이를 재보지 않아도 녹록지 않은 삶의 깊이,
끊임없이 흐르면서 물빛에 풀어내는
가을을 건진다

이순자 수필가

현재 강릉원주대 재학 중
달빛문학회 회원
모던포엠 신인작품상 수필부문 수상
한국사회복지사협회 회원

e-mail ; sjwise@hanmail.net
전화 ; 011-336-9175
주소 ; 220-842 강원도 원주시 흥업면 매지리 1924번지
전화 ; (033) 766-5006

친정엄마

내 어린 시절 가을걷이가 시작될 무렵이면 우리 엄마는 막걸리를 담그셨다 일꾼들하고 가을걷이를 하려면 적지 않은 술이 필요했기 때문이다. 앞마을에 있는 양조장에 가서 사다 쓸 만도 한데 엄마는 그 번거로운 일을 마다하지 않고 해를 거르지 않는 연중행사로 막걸리 담그는 일을 하셨다.

엄마는 모내기 전에 미리 수확하는 밀을 우물가에서 여러 번 씻어 말린 다음 방앗간에 가서 밀가루를 빻아 오신다. 그리고 밀가루를 빻으면서 나오는 밀기울을 가지고 누룩을 만드셨다. 작은 밑빠진 얼개미 틀에 면 보를 깔고 밀기울을 알맞게 반죽하여 채운 후 깨끗한 버선을 신고 한 발로 꾹꾹 눌러 가며 채운 다음, 단단하게 채워졌다 싶으면 얼개미 틀을 뺀다. 그렇게 여러 개의 누룩을 만들어 적당한 곳에 보관하여 발효를 시킨다. 이렇게 만들어 놓은 누룩은 1년 동안 여러 번 막걸리를 빚을 수 있는 재료가 된다.

이 누룩을 재료로 막걸리를 빚는 날이면 우리는 신이 났던 기억이 있다. 쌀밥이 귀한 시절임에도 엄마는 막걸리를 빚는 날이면 멥쌀이나 찹쌀을 이용하여 시루에 고슬고슬한 술밥을 한 시루 쪄내셨다. 그 밥을 짚으로 만든 넓은 동글에 펴 놓으시면 우리는 그 술밥을 한 주먹씩 쥐어다 먹었는데 그렇게 먹는 술밥의 맛은 기가 막히게 맛있었다.

여름에 빚어 놓았던 누룩을 절구에 빻아 가루로 만들어 술밥과 함께 골고루 버무린 다음 항아리에 넣고 물의 양을 맞춰 부은 다음 방 안에다 이불을 씌워 술을 익혔다.

이때는 가끔 면사무소 주사가 밀주에 대한 조사를 나오던 시절이라 눈치껏 술을 담가야 했다. 방안에 놓고 술을 익힐 수 있으면 그나마 다행이었다. 대개는 나뭇간이나 짚을 쌓아 둔 짚가리에 몰래 숨겨서 익히기도 했다. 3~4일 지나 술 익는 냄새가 방안을 진동할 무렵 엄마는 이불을 걷어내고 항아리 안을 보셨다. 술이 발효되어 뽀글뽀글 방울모양으로 술이 올라오는 모양이 나면 엄마는 술이 다 익었다고 하며 손가락으로 찍어 맛을 보셨다. 그런 다음 동동주를 뜨실거면 항아리 가운데 대나무로 엮은 용수를 깊이 눌러 놓으셨다. 그리고 하루가 지나 먼저 용수 안에 고여 있는 맑은 술을 따로 떠 놓으셨다. 그런 다음 항아리에 있는 술밥을 베자루에 퍼 담고 커다란 옹기그릇에 삼발이를 올려놓은 후 힘껏 눌러가며 짜셨다. 그렇게 해서 뿌옇게 나온 것은 막걸리가 된다. 막걸리를 거르고 난 술찌꺼미는 달달하게 해서 간식 삼아 먹고 얼굴이 벌겋게 달아올랐던 기억과 너무 많은 양을 먹은 내 위에 오빠는 낮잠을 한참 자고 난 후에 깨어났던 기억이 새롭다.

지금은 술 좋아하는 남편을 만나 한 번쯤 시연을 하고 싶은데 지금까지 엄두가 나질 않아 실행은 못했다. 가끔 남편은 장모님 살아 계실 때 전수했어야 했는데 하며 안타까워한다. 우리 엄마의 술 담는 실력은 공인받은 실력이었는데 나 역시 이 부분이 아쉽다. 가끔 술 좋아하는 사위에게 술맛 좋다는 찬사를 듣고 기뻐하시던 엄마가 보고 싶다.

즐기는 행복

리더십 실무 과목 레포트가 조별 과제로 주어졌다.

4명이 한 조인데 출석부 순서대로 짜여 진 조별 명단이 3주째 칠판에 쓰여 있는데도 누가 누구인지 파악도 하지 않은 채였다.

과제 선택 제목을 제출하라는 통보가 떨어진 오늘 수업이 끝나고 우리 조원인 듯한 학생들이 찾아 왔다.

이럴 땐 쭈~욱 빼는 것이 낫다.

괜히 나이 먹은 것 감추려고 아는 체 하면 좀 그렇다는 것을 나는 이미 알고 있는 터다.

거기다 이들은 모두가 4학년들이다. 난 아직 3학년이고 거기에다 편입생이다.

여러 가지로 나섰다가는 선배들 앞에서 감히 나이로 밀고 나갈 대상이 아니 것 당연한 얘기다 거기다 여기는 아줌마들 모여서 수다 떠는 데도 아니다.

학교이기에 감히 나의 적극적인 성격도 이럴 땐 다소곳 하는 것이 어쨌든 여러 가지 이점을 안고 들어가는 거다.

저~~혹시 과제에 대해 생각하신 것 있으세요?

어~저 그게 ...아직 생각을 안 해봤는데요~~~

아주 그럴싸하게 얼버무린다.

그럼, 워드 할 줄 아세요?, 네,

그럼 파워포인트는? 그것도 할 줄 아는 데요.

우와~~~짱이다....하하하하

그럼요 .... 하면서 내게 과제 할 내용을 전달해 준다.

그리고 내용을 잘 정리해서 메일로 보내달라는 부탁을 하

고 셋이서 돌아서 가면서 한마디씩

와 대단하다 그치~~~

뒤통수에 들려오는 소리인데도 듣기가 좋았다.

나이 먹은 내가 한 조가 된 것이 부담스러웠을 터였다.

공동의 과제를 연구 발표해서 얻어내야 하는 점수가 있는데 한 사람의 몫이 없다고 하면 손해 보는 것은 당연하기 때문이다.

그들은 안도를 하면서 각자가 놀라워하는 듯했다.

공연히 어깨가 으쓱했다.

그리고 그들 못지않은 내 몫의 과제를 하리라는 욕심을 마음과 생각 속에 풍선에 바람 불어 넣듯 한껏 부풀려 넣는다.

이럴 땐 바람이 너무 들어가 터져도 좋다.

불어넣은 바람만큼 내가 열심히 하면 되는 것 아닌가 말이다.

나이 먹어 공부하면서 이럴 때 가슴 뿌듯해진다.

누군가에게 인정받아 좋을 나이는 아니라도 세상 살면서 인정받는다는 것에 목메는 것도 내 마음 안에 자라고 있는 욕구에 대한 충족이 아니겠는가.

나이가 먹고 세상 것 다 겪을만큼 겪었어도 그래도 하찮은 것에 목말라 할 것 같지 않은데도 어쩔 수 없는 모양이다.

그게 하늘이 인간을 창조하면서 태초부터 부여한 인간 심리라는 데야 뭐 토 달고 할 것이 아니지 않은가.

아무튼, 나는 이 시간 이후로 그들보다 한 가지 과제가 더 생긴 것은 틀림없다.

과제를 통한 공부와 더불어 한껏 부풀려 넣은 풍선바람을 빠지지 않도록 해야 하는 내 과시욕을 충족시켜야 하기 때문이다.

그래도 이런 것 하나도 어렵지 않다.

내 즐거워서 하는 일은 잠에서 깨어나서 쫓아오는 졸음마저도 물리치며 할 용의가 있기 때문이다.

시켜서 하는 일이 아니고 제 좋아서 하는 일은 누가 말릴까 겁나는데 말리는 사람 없는데 맘 편하게 하면 그게 행복이 아니겠는가.

과제를 준비하고 발표를 준비하면서 내 또래가 아닌 한참 어린 선배들과 나는 또 한가지 추억 쌓기를 할 수 있어 행복해 질 것 같다.

파란 가을하늘이 내 신명을 좇아오는 것 같아 올려다 본 하늘이 더 파아란 쪽빛으로 보여진다.

가을이 익다

가을들녘을 풍요로 넘치게 하던 들판이 결실을 거두어들이고 있는 요즈음 보는 것만으로도 마음이 넉넉하다.

이밥 먹기를 고대하며 추수를 고대하던 어린 시절이 떠올라 괜한 미소를 지어 보는 것도 이맘때 즐기는 추억의 드라마 다시 보기를 하는 습관과 닮았다.

얼마 전 장손으로 고향을 지키고 있는 큰집 오빠로부터 올해 감이 너무 많이 열어 가지가 땅에 닿을 정도로 풍년이니 서리 내릴 즈음해서 따러 오라는 연락을 받았었다.

대답은 꿀떡같이 해놓고 바쁜 일상에서 한편으로 시간을 밀어내고 달려가도 좋으련만 영 시간 내기가 여의치 않아 차일피일 미루기만 하였다.

내가 들인 공 없이 따가라는 일도 이렇듯 미루니 선의를 베풀은 입장에서는 배부른 짓이라고 할 터였다. 가을비가 부슬부슬 내리는 날, 오후에는 개인다는 일기예보를 듣고 시골에 전화를 했다. 오늘 그것도 수원에 볼일이 있어 내려온 김에 들러야겠는데 가도 괜찮은 지 오후에 집에 계실 것인 지 내 편한 대로 묻는 전화를 하고도 미안한 마음이다.

비가 와도 엊그제 따놓은 감이 있으니 걱정하지 말고 오라 하시는 올케언니의 대답에 마음이 짠했다. 언제든 가기만 하면 반겨 주심에도 한 번 맘먹고 간다는 것이 이렇게 어려우니 적선 아닌 적선을 하듯 그렇게 고향집 방문은 어렵기 그지없다. 도시에 뿌리를 내리고 정착한 것이 꽤 성공한 것처럼 모양새는 늘 시간에 쫓기며 살고 있지만 가만히 들여다보면 남은 것 여운이 길게 드리울 그런 뭣은 없이 속빈 강정일 뿐이다.

어릴 적 고향의 향수마저도 가끔은 생활에 에너지가 되는 감정으로 남아 있으면 좋을 텐데 그마저도 없이 입에 달고 사는 바쁘다 바빠 일 뿐 씨를 뿌려 놓고 여름을 가을을 그렇게 시간을 기다리며 살았던 기다림의 여유는 이미 나로부터 도망 간지 오래인 듯하다.

좌우지간 오후에 작은 언니를 옆에 태우고 시골을 향해 자동차를 몰고 출발했다.

추적추적하던 비도 잦아들 즈음 고향 읍내에 도착하여 마트에 들러 소주에 막걸리 언니가 좋아하는 커피도 챙기고 이것저것 사들었다.

고향마을 어귀에 들어서 한눈에 들어오는 풍경은 떠난 지 30여 년이 넘어 강산이 변해도 몇 번은 변한 그런 모습이다. 전원주택이 이곳저곳 들어서 질서없이 자리 잡은 집들이 가장 눈에 띄는 변화이다.

큰집에 들어서니 올케언니가 반갑게 맞아 주신다. 벼르고 별러 생색내듯 온 것 같은 마음에 멋쩍어 하는데 와줘서 반갑다고 더 호들갑스럽게 맞아 주신다. 이렇게 되면 상황은 역전이다. 정말 내가 언니를 위해 여기에 와 준 것 같은 상황이 되어 버린다. 그래서 간혹 칭찬이 독이 되는 경우가 이럴 때가 아닌가 생각한다.

짐을 내려놓기 무섭게 짧은 가을 해 꼬리를 놓칠 것 같아 감나무가 있는 곳으로 향했다.

언니는 따 놓은 것 있는데 왜 고생하려느냐고 말렸지만 보는 재미 따는 재미를 맛보려면 잠깐이라도 현장을 봐야 할 것 같아 만류를 마다하고 발길을 옮겼다.

집 주위에 심어놓은 많지도 않은 네 그루의 감나무에는 빨간 감이 주렁주렁 달려가지가 봄에 수양버들 가지 늘어지듯 그렇게 부러질 것 같은 모습이다.

정신없이 가지를 휘어잡고 감을 땄다. 마음이 갑자기 바빠

지면서 배불러 오는 느낌, 바로 이런 기분이 추수하며 맛볼 수 있는 감정일 것이다. 입이 함지박만큼 벌어져 탄성을 연발하며 어릴 적 실력이 나온다. 그래도 녹슬지 않은 시골 태생이라서 가능한 실력이다. 일 앞에서 두려움 없이 다가설 수 있는 것이 어려서도 들일 밭일 마다하지 않고 도와야 했던 환경에서 만들어진 실력이다.

언니도 감나무 아래서는 나이가 무색하리만큼 정신없다. 커다란 가방 한가득을 채우고서 우리의 감따기는 멈췄다.

서로를 쳐다보며 한바탕 웃음으로 허리를 펴고 첫 한 마디 그런데 이것 어떻게 들고 저 비탈진 둑을 오르지였다.

겁없이 많이도 땄다 손닿는 가지 잡고 감을 만지는 촉감에 신명이 났던 모양이다.

따놓은 당상을 포기할 수는 없는 일 끙끙대며 비탈길을 오르느라 진땀을 뺐다.

말랑말랑해질 홍시를 먹을 생각은 아예 뒷전이 되어 버렸다.

감나무에 빨갛게 열린 가을의 진풍경을 본 것만으로도 배부른 포만을 한껏 느꼈기 때문이다.

가을들녘은 이렇게 보는 것만으로 풍요와 넉넉함을 맛볼 수 있게 해줌에 감동을 불러 온다. 오랜만에 가을을 흠씬 맛본 일상을 통해 마음이 훈훈해짐은 엄마의 품처럼 편안함을 느낄 수 있는 고향이었기에 가능했음을 가슴 간직할 수 있음도 오늘의 수확이 되어 진 것 같다는 생각을 하게 된다. 이 모든 것이 가을 수확을 함께 나누고자 넉넉한 마음을 멍석 깔아준 오빠 내외의 덕에 감사한 마음 되어 덩달아 넉넉해 졌다.

시인촌 동인시집 제10집

가장 높은 가지 끝에

이재란 시인

충북 제천 출생
방송대 국문과 졸업
세명대 대학원 국문과 석사과정 4학기 재학중
제천 시창작 과정 2년 수료
월간 [모던포엠] 신인상으로 등단
월간 모던포엠 최우수 신인상(2010)
시인촌동인
공저 : [머물다 간 자리] 동인작품집
제7회모던포엠문학상 수상집 "바람꽃"

E-mail ; greenb45@hanmail.net
주소 ; 390-762 충북 제천시 신백동 덕일 한마음 아파트 103동 707호
전화 ; 011-9840-3949

서귀포 가는 길

어두운 낮,
창 밖엔 삼월의 비가 내리고
차마 얼굴 마주보며 말할 수 없어 편지를 쓴다

서귀포까지 38km, 남은 시간 세 시간
노루보호지역을 지나는데, 내가
방목한 노루는 한 마리도 보이지 않아
노루는 모두 어디로 갔을까 어디로 갔을까
노루가 보이지 않아 눈물이 흐르네
신비한 도로를 지나는데,
앞이 하나도 보이지 않아.
정말 신비하기도 하지 신비하기도 하지
너무 신비하게도 눈물이 흐르네

이리저리 굽이지는 길, 흔들리는 길
산 모퉁이 돌 때마다 흔들리는 것은
빗물 속에 안개 속에
숲일까 바다일까 차창을 때리는 삼월의 눈발은
바닷길을 묶고, 발목을 묶고

눈 쌓인 한라산, 철없는 아기노루는
깊은 산 어느 낯선 동굴에서
겁먹은 눈망울로 잠들 수 있을까

서귀포 가는 길
아기 잃은 어미 노루,
구멍 뚫린 가슴 적시며 산기슭을 헤매네

시작노트
– 서귀포 가는 길

작별의 기억.

난생처음 딸과 이별하던 날, 아침부터 내린 비는 도시를 적시고, 가슴을 적시고, 하늘 길을 적셨다.

기다리기 지루한 시간을 견딜 수 없어 남은 시간에 서귀포를 다녀올 수 있을 것 같은 생각에 서귀포로 출발을 했는데, 굽이굽이 산길을 돌아갈수록 비는 폭설로 변하고, 앞은 보이지 않았다.

어디쯤이었을까.

"노루보호지역"이란 푯말이 보였는데, "노루는 어디 있는거야? 도대체 어디에 노루가 있다고?"

그러다가 갑자기 아기 노루가 눈 덮인 한라산을 헤매는 모습이 상상되고, 이 낯선 곳에 혼자 남아 방목된 아기 노루처럼 위험이 무엇인지도 모르고 생활하게 될 딸을 생각하니 빗물인지 눈물인지 앞이 보이지 않았다.

그냥 자유가 즐거운 한 마리의 노루는 엄마의 마음을 아랑곳하지 않은 채, 방목된 생활에 잔뜩 들떠 있었다.

그 모습을 훔쳐보며 철들고 나서 그렇게 울어보긴, 처음인 것 같았다.

아이들이란 언젠가는 보내야 하는 연습을 해야 한다는 것을 알면서도 아직도 다녀 갈 때마다, 돌아서서 눈물을 감춘다.

엄마의 길이, 폭설 내리는 날 굽이굽이 산길만큼이나 멀고도 험난하단 생각이 들던 날에.....

바다에서 별을 세다

누구나, 가슴에 혼자만의 방파제
간직하고 있는 것 같아
세상의 파도 밀려올 때 산산이 깨뜨려 줄

아무도 찾지 못하게 꼭꼭 숨고 싶은 날
테트라포트 야무지게 엮어놓고
조붓한 미로, 그 틈에
머리카락 안 보이게 꼭꼭 숨고 싶어
물속까지 환한 푸른 바다에서
해초처럼 물고기처럼, 흔들리다가 돌아다니다가
진초록 야자수 무성한 무인도에서
해와 달이 어떻게 내게 오는지 바라보고 싶어

가끔씩, 지나는 배에 손을 흔들어 주고
수평선 너머 사라지는 배를 보며
그리움에 눈물 한 방울 떨어뜨릴지도 모르지
그러다가, 누군가, 나를 그리워하며 아프다 해도
절대 돌아오지 말아야지
나보다 눈 밝은 물새와
낮 동안 보았던 하늘과 바다 이야기 나누며
꽃처럼 붉은 모닥불을 밤마다 피울 거야
그 불꽃 하늘로 올라 별이 되면
우리는 그 하늘의 별을 세고 바다의 별을 세고,
끝없는 바다 이야기 별 이야기들
잠 속으로 모래알 되어 물거품 되어
하얗게, 하얗게 스며들 때까지

겨울, 자작나무 숲에 서면

겨울, 해질 녘, 자작나무 숲에 서면
그대가 보인다

백야에 잠들지 못하던
얼어붙은 마음, 흐린 겨울 하늘로
보내지 못한 편지는 눈꽃 되어 흩날리고
휘황한 오로라를 꿈꾸던
푸른 가슴은 아직도 그 불꽃이 뜨거운데
그의 온몸 휘감아 도는 숲의 바람은 차디차다

어디서 왔는지 어디로 가는지
알 수 없는 행로, 희고 고운 손가락으로
우듬지마다 등불을 켜는데
그의 몸 여기저기, 톡,톡
새순 돋는 소리 숲에 가득하다
은빛바람 솔~솔
은빛실 풀어낸다
봄이 오고 있다

낯선 별, 낯선 가을

또, 부딪혔다

왼쪽 다리가 들어오기 전, 자동차 문을 닫으니
맑은 하늘에 별이 반짝거리고 눈물이 핑 돈다

오른손이 들어오기 전, 현관문을 닫으니
엄지손톱이 새카맣게 질려 울어버린다

무우채를 썰 때는, 무우만 썰고 싶은데
꼭 한 개의 손톱 끝이 사라진다

계단을 내려올 때, 발보다 서두르는 무릎 때문에
붉은 상처가 남았다

도대체 누가 들어온 걸까?
몸속에 들어와 제멋대로 날 움직이는 이, 누구인지

낯가림하는 몸, 낯선 마음

단풍 깊은 가을
내 몸속에 숨어, 진한 물감
뚝
뚝
흘리고 있다

남겨진 상처가 보기만 하여도 아프다

배롱나무 가지에서 길을 잃다

어디서 떠났는지 알 수가 없다
길은 수없이 갈라져 있고
첫걸음도 내딛지 못한 무수한 길
노을빛 닮아 빠알간
배롱나무 가지 가리키는 길 따라
눈길 닿는,
해질 녘 머물 곳은 어느 곳일까

이제, 배롱나무 가장 높은 가지 끝에 쪼그리고 앉아
하얗게 촘촘한 길목 내려다보는데
모퉁이 돌아가는 푸른 옷자락
노을빛 꽃잎마다 스며드는데
먹빛으로 몸을 지우는 바다가 앞을 가로막으며
첩첩으로 돌아가는 길을 숨기는
검은 산, 불빛으로 밝히며
길을 찾아낼 수 있을까

내, 한 백일 동안
배롱나무를 사랑한 죄
가슴에 붉은 꽃 무수히 들어와 피는
이 저녁,
배롱나무 가지에서 길을 잃고
하얗게 뻗은 매끈한, 아픈 다리를 주무르면서
집으로 돌아갈 길, 찾을 수가 없다

시인촌 동인시집 제10집

가장 높은 가지 끝에

정선영 시인

2001년 〈한맥문학〉으로 등단
현 부산문협, 문창 동인, 영주문학 회원으로 활동
시인촌 동인
시집 〈우울한 날에는 꽃을 산다〉(1999), 〈홀로그램〉(2003)
〈디오니소스를 만나다〉(2009), 〈달의 다이어트〉(2012)등이 있음

E-mail : 홀로그램〈sunyoung6210@hanmail.net〉
주소 ; 750-805 경북 영주시 풍기읍 서부리 125-6번지
전화 : 054-638-3620/ 010-7157-3620

별이 사라지다

안개 자욱한 밤
별이 유령처럼 떠돌았다
회색 실루엣 속에서
별빛은 길을 잃어 버렸고
그런 습한 밤이면
나는 잠들지 못해
별을 찾아 개울로 나가
흐르는 물속에 두 손을 넣고
모래알만 하릴없이
긁어모았다

별은 어디로 갔을까

별에 취하다

별이 흔들리는 밤
나는 오래 걸었다

네 눈빛에 빠져들고
더는 가까이 갈 수 없는
네 차가운 거리
그어 놓은 선도 없는데
내가 서 있는 곳과
네가 빛나고 있는 그 곳
그저 바라볼 밖에

낯선 길에 누웠다
누우면 너를 바라볼 수 있으므로
손을 들어 네게 손짓한다
조금만 더 다가오라고
아, 꿈이지 꿈은 멀어서 아름답고
잡히지 않아서 그리움이지

늘 바라보고 있어야 하는 거지
너를 마시다 취한 것일까

설렘을 주는 방

읽다가 쌓아 둔 잡지가 있고
들기름 먹인 앉은뱅이 책상 하나
먼지 쌓인 책장 가득
오래 묵은 책들이 비스듬히 기대어 있다
한지 바른 격자무늬 문으로
살며시 새어드는 달빛
은밀히 방 안을 엿보는
집주인의 어린 딸 눈빛 같은 별
어둠 속 아련히 들려오는 물소리
풀벌레 소리에 귀 기울다가
시나브로 잠이 드는 곳
계절마다 찾아들어도
늘 다른 소리와 낯선 느낌
나는 잠들어도 잠들지 않고
노래 들려주는 산골 작은 방
어느 먼 여행길
해 저물어
낯선 집 문 두드려 하룻밤 신세지듯
목덜미에 깍지 낀 두 손 받치고 누우면
나그네가 되는 곳

꿈

사랑하는 당신
밤새워 성을 쌓고 허문다

술잔 속에
천년을 풀었다 지운다

휘청
천장의 기울기가
오십육도 쯤
바닥이 물컹해질 때쯤
술이 당신을
마시고 일어선다

모든 것은 꿈이다
사랑하고 싶은 마음도
사랑했다는 생각도
한숨 꽃잠

*) 꽃잠 ; 깊이든 잠

떠돌이 별

그저 밤이 비리다고
말하고 싶었습니다
잡을 수 없었던 시간들이
동공을 아프게 찌른다고

어둠이 내린
바닷가 모래 무덤에
비밀 하나 숨겨 두고 왔습니다
그물에 걸리고 싶지 않은
나는 집을 짓지 않았습니다

늘 작별의 서늘한 빛 뿌리고
부평초로 떠도는 세상
진동하는
그 비린내를 감당할 수 없어
울고 싶었습니다

기쁨보다 슬픔이 기억에 오래 남듯
눈 시리게 그대를 바라보지 않기로 하던 날
내가 먼저
떠돌이별이 되기로 했습니다

진경하 수필가

서울생
월간모던포엠 수필부문 신인상
월간모던포엠 이사
세계모던포엠작가회 강원지회 회원 / 모던포엠 동인
달빛문학 회원 / 시인촌 동인
세계여성 '사랑의 글' 공모전 은상수상
가톨릭선교사, 토지 시낭송 회원
원주문협 시 아카데미수료, 시낭송가

강원도 원주시 행구동 건영@ 103동 404호
010-8747-9258
jclara777@hanmail.net

산문시

사천바다에서

물거품이 천천히 밀려나갔다가 날 보더니 잰걸음으로 달려온다.
사천 바다가 우리를 기억하고 있다니!

창백하고 쪽빛 명주처럼 고운 겨울의 사천바다 물빛, 산자락의 뜰 같은 한적한 사천바다에게 그리웠다고, 보고 싶었다는 마음을 주고받는 시간들이 첩첩이 쌓이는데,
가자미 물회를 뚝딱 비워내고 한걸음에 내달아 짧은 해안선을 따라 걸으며, 겨울 햇볕이 쏟아지는 차가운 바닷물에 마음을 맡긴다.

바다는 나이를 묻지 않아서 좋다.
숱이 적어지는 머리 때문에 가끔은 나이를 들켜 속상하고 슬프지만 세월을 감추려는 무겁고 답답한 모자를 벗는다.

동화 속에서나 볼 수 있는 바닷가 카페에서, 동화 속 오수(午睡)를 즐기는 남편,
아빠가 졸고 있는 모습을 카메라에 담으며 즐거워하는 딸들의 웃음소리,
쉴 새 없이 이어지는 딸들의 수다는 바다가 되고,
그 바다가 우리 앞에 닻을 내린다.

그래도 감사한 일

큰딸의 첫 출산이 늦어 올해 환갑을 맞으며 외할머니가 되었다. 몇 살이라도 조금 젊은 나이에 손자를 봤다면 이렇게 힘들지는 않았을 텐데 딸이 조금 원망스러웠다. 큰딸 부부는 평생 아이도 낳지 않고 살 것처럼 틈만 나면 여행만 다녔다. 나의 애를 그렇게 태우더니 다행히 기다리던 아기를 갖게 되었다. 안도와 기쁨도 잠시 출산 3개월 전에 친정으로 다니러 와서는 엄마 곁에서 출산을 하겠다고 통보했다. 딸이 엄마를 필요로 하는 것만 좋아서 속없이 손뼉을 치며 좋아했다. 별 생각 없이 응낙을 했는데 막상 생각보다 쉬운 일은 아니었다. 혼자서 감당해야 하는 것이 두려웠고 현실은 그렇게 녹록지 않았다.

주위에서 아이 본 공덕은 없으니 봐주지 말라고들 충고했지만 마음이 움직이는 쪽으로 그냥 흘러가기로 맘먹었다. 그러나 아이 넷을 낳아 길렀지만 신생아를 키우는 일은 까맣게 잊어 하나도 기억이 나지 않았다. 더구나 집안일도 해가며 산모를 돌보는 일은 중노동이었다.

꼬맹이를 목욕시키고, 피곤한 딸 대신에 안아주고, 기저귀 갈아주는 일은 끝이 없었다. 하루종일 서성대며 한 달이 어떻게 지나갔는지 이미 내 일상의 리듬은 깨어지고 몸은 천근만근 젖은 솜처럼 무거웠다.

사랑하는 내 딸이 예쁜 아기를 낳았는데 엄마로서 나도 최선을 다하자고 몇 번을 다짐하였다. 문득 친정엄마 생각이 났고, 아이 넷을 낳았을 때 번번이 친정엄마의 수발을 받으면서도 별 생각 없이 감사한 것도 모르고 철없이 지냈음을 떠올렸다. 부끄럽게도 육십이 다 되어 딸을 도우면서 비로소 친정어머니께 고마운 마음이 새삼 느껴졌다. 속상하신 일이 있으면 늘 내게 '너 같은 딸 낳아서 한번 겪어봐라.' 하시던 말이 생각났다. 이 나이에 겁도 덜컥 나고 걱정이 앞서 잠도 오지 않았다. 과로로 혈압도 오르고 몸살로 내과에 가서 약도 타 먹었다.

어느 날, 증손자를 한번 안아보시겠다고 친정어머니가 오랜만에 오셨다. 뭐라도 하나 도우시려고 애쓰시는 어머니의 구부러진 등 언저리가 안쓰러웠다. 병환으로 식사와 주무시는 일 외에는 힘드신지 말없이 그림처럼 단정히 앉으시어 물끄러미 우리를 바라만 보신다. 인간은 참으로 이기적인 동물인 것 같다. 다니러 오신 어머니보다 내 딸, 내 외손자 돌보는 일에 더 몰두하고 있을 수밖에 없으니 말이다. 그동안 엄마에게 얼마나 감사하며 살았는지 가슴이 뭉클해졌다. 그리고 내 자녀를 마음대로 판단하고 말로 상처를 준 적이 얼마나 많았는지? 오로지 자식들을 위해 평생 희생과 기도로 사신 친정어머니! 늙고 병들어 기운 없이 주무시는 엄마의 숨소리가 가냘프다. 가만히 엄마의 손을 만져보니 콧등이 시큰해져 온다. 엄마의 모습이 바로 내 모습인 것을.

어느 날 저녁, 축 늘어진 몸을 뜨거운 물로 씻어내며 나 자신에게 최면을 걸었다. '엄마이기 때문에 나는 할 수 있어, 우리 딸이 내가 있어서 얼마나 다행인가? 나는 기쁘게 할 거야.' 마음이 편해져 왔다. 큰딸이 엄마의 애 쓰는 모습을 보며 미안해 하였다. 결혼을 하고서도 잘 느끼지 못하는 것 같더니 막상 아기를 낳고 밤잠을 설치며 졸면서 젖을 물리고 엄마가 되더니 달라졌다. 아기를 낳고 길러 보아야 친정엄마의 심정을 이해할 수 있다는 말은 참으로 진실이다.

엄마와 여자는 강하다고 했던가, 모성애는 그 어떤 사랑보다 강하고 아름다운 기적이다. 사랑은 기적을 낳는다고 하였다. 태아가 아홉 달 동안 엄마의 자궁에서 자라고 태어나는 기적, 세상에 나온 아기가 가르쳐 주지 않아도 엄마 젖을 빨 줄 아는 것 모두가 기적이다. 사랑하기 때문에 힘든 것도, 고단하고 피곤함도 잊어버린다. 다음달 초 큰딸과 아기를 상해까지 데려다 주고 와야 한다.

한 보름 동안 지내며 주변정리를 도와주고 돌아올 생각이다. 그러나 정확히 넉 달이 지나 겨울이 돌아오면 둘째딸이 출산을 한다. 또 하나의 사랑이 나를 기다린다니 마음이 설레어 온다. 기다릴게. 어서 오렴! 내 사랑하는 아가들아!

걸으며 생각하며

재작년 봄, 원주 치악산 자락 아래 새롭게 둥지를 틀었다. 남편의 건강 때문에 아무 연고도 없는 이곳에서 시작된 타향살이가 생각보다 외롭지 않고 지낼만하다. 식탁에 앉으면 내려다보이는 나의 고향 같은 시골마을이 한 폭의 수채화처럼 아름답고, 얕은 산자락 너머로 들릴 듯 말듯 들리는 중앙선 기차소리가 유난히 정겹다. 치악산 자락에서 흘러내리는 맑은 개울길을 따라 걷는 일은 우리 부부에게 하루도 빠뜨릴 수 없는 가장 소중한 일과가 되었다.

한낮, 산자락 아래의 겨울볕은 조금 짧긴 하지만 더 따사롭다. 사랑하는 막내딸과의 오래간만의 산책이어서 더 그렇게 느껴진다. 방학을 맞아 귀국한 고등학생인 늦둥이 막내딸을 앞세우고 햇빛이 쏟아지는 틈새를 이용해 걷는다. 동네 누렁이 소들이 큰 눈을 끔뻑이며 반기고, 멀어져 가는 우리를 향해 일제히 목을 빼고 한참을 바라본다. 언젠가부터 우사(牛舍)를 지날 때마다 잠시 멈춰 서서 두 손을 모으고 목청을 높여 동요 '송아지'를 불러준다. 마침 소먹이를 주시던 주인 할아버지께서 멋쩍어 하시며 싱긋이 웃으신다. 송아지에게 노래 불러주는 사람은 처음 본다고 집으로 돌아가시면서 연신 돌아보며 웃으셨다. 노래를 마칠 때까지 멀찌감치 서서 기다리던 남편도 핀잔 대신 활짝 웃고 만다. 아이들처럼 구는 엄마의 돌발적인 행동을 못마땅해 하던 막내딸은 창피하다고 눈을 곱게 흘기면서도 배시시 웃는다.

전날 내린 눈으로 들판은 하얗게 새 옷을 갈아입었다. 멀리 보이는 비로봉과 향로봉, 남대봉에 눈꽃이 흐드러지게 피어 있을 것이다. 치악산은 엄마 같은 따뜻한 눈빛으로 우리를 바라보며 다소곳이 앉아 있다. 하얀 눈길을 세 식구가 '뽀드득' 소리를 내며 걷는다. 오전에 몇 줄 읽었던 '생각 버리기 연습'이라는 책의 내용을 되짚으며 버리고 싶은 것들을 떠올렸다. 무리하게 서둘고, 인내하지 못함, 교만함과 게으름, 그리고 식탐에 대해 반성하는 마음으로 하느님께 자비를 구하고, 큰 소리로 '산상설교' 성경구절을 외우며 걷는다.

'행복하여라, 마음이 가난한 사람들, 하늘나라가 그들의 것이다.
행복하여라, 슬퍼하는 사람들, 그들은 위로를 받을 것이다.
행복하여라, 온유한 사람들 , 그들은 땅을 차지할 것이다.
행복하여라, 의로움에 주리고 목마른 사람들, 그들은 흡족해 할 것이다... (중략)

앞서 걷는 저 두 사람은 무슨 생각을 하며 걷고 있을까?

아침식사를 마친 남편이 베란다 창고에서 못 보던 새 등산화를 한 켤레 꺼내들고 소년처럼 빙긋이 웃는다. 평소에 시간을 내어 혼자서도 지리산 능선을 타는 것을 좋아하는 남편이었기에 산행을 준비하려고 하는 줄 알았다. 나이가 든 탓인지 젊은 때와 달리 궁금한 것을 다그쳐 묻지 않는 내게 조용히 털어놓는다. "이 등산화 예전에 아주 좋은 것으로 마련한 것인데 병이 나서 다시는 신을 수 없을 줄 알았거든. 누구에겐가 주려고 보관해 두던 것인데... 안나푸르나를 가보고 싶었거든... 계획만 세우고 못 갈 줄 알았는데 이제 이 등산화를 신고 갈 수 있을 것 같네. 남겨 두길 잘한 것 같아" 그동안 혼자 생각하고 가슴에 담아 두었던 찡한 사연이었지만 남편은 행복해 보였다.

먹다 남은 밥이 목구멍으로 넘어가지 않았다. 나는 가만히 엄마처럼 남편의 볼을 쓸어주었다.

평생 연구에만 몰두하던 남편의 갑작스런 암 수술은 가족들을 혼란 속에 빠트렸다. 다행히 본인의 의지는 의외로 강인했고, 술과 담배도 자연스레 끊고, 남편은 한 사람도 아는 이 없는 치악산 자락을 택했다. 맑은 공기, 규칙적인 생활과 식이요법, 새벽 미사를 매일 드리며 비워 낸 마음으로 다시 시작했다. 현실을 직시하며, 용기를 잃지 않고 겸허히 받아들였기 때문에 가족들도 희망의 끈을 놓지 않고 사랑의 마음을 한데 모았다. 칭찬은 고래도 춤추게 한다고 했던가. 평생을 청렴결백한 마음가짐으로 나라의 경제와 가족과 자신을 위해, 삼십오 년간의 세월을 고스란히 연구직에 봉사해 온 남편이었다. 가족들이 해 줄 수 있는 것은 감사하는 마음과 칭찬과 사랑밖에 없었다. 다행히 시간이 오래 걸리지는 않았다. 살 수 있다는 굳센 믿음 하나로 그는 일어섰고 절대자의 사랑 안에서 두 손을 모으고 무릎을 꿇었다. 온유한 그는 승리했고 지금 아름답게 빛나고 있다. 지금은 다행히 건강한 모습으로 서울과 대전을 오가며 연구에 몰두하고 강의도 하며 열심히 살고 있는 남편이 존경스럽고 감사하다.

오늘따라 잔잔히 흐르던 맑은 개울이 심심하다고 보챈다. 그동안 새끼들을 돌보던 원앙부부들과 왜가리 가족들이 훌쩍 떠나버려 반짝이는 물빛도, 돌돌돌 흐르던 물소리도 침묵 중이다. 마른 갈대를 한 가지를 꺾어 흔들고 걸으며 그동안 차곡차곡 접어 넣어둔 욕심들을 하나씩 흘러가는 물에 떠나보낸다.

애써 남겨두고 싶은 한 줌 이야기들도 언젠가는 내 손가락 사이를 빠져나가고 감사할 일과 사랑할 일만 남을 것이다. 사랑할 수 있는 시간이 있다는 것은 소중한 선물이다.

늦가을 내내 지치도록 무리지어 서 있던 키 큰 갈대가 햇빛에 반사되어 후광을 머리에 이고, 겨울바람에 몸을 맡긴

채 춤을 춘다. 내 마음도 덩달아 춤을 춘다. 나도 모르게 흐르는 눈물 때문에 희미하게 보이는 부녀의 맞닿은 어깨 위로 산비둘기가 하나 둘 떠오르며 날아가는 것이 보인다. 강 같은 평화다!

들판을 가로 질러 오렌지색 빛이 바래고 세월의 흔적이 고스란히 묻어 있는 중앙선 열차가 천천히 지나가고 있다. 문득 그 차에 탄 누군가에게 손을 흔들어 주고 싶어 두 손을 번쩍 들고 멀리 떠나는 친구를 배웅하는 것처럼 손을 흔들어 준다. 몇몇 여행객이 나를 향해 손을 흔든다.

남편과 딸은 즉흥적인 내 모습을 보며 배를 쥐고 웃어댄다. 뭔가를 해낸 용기 있는 소녀처럼 상기된 얼굴로 남편과 딸을 마주보며 크게 웃어 준다. 멀어져가는 기차도 우리를 보고 큰 소리로 웃는다.

시인촌 동인시집 제10집

가장 높은 가지 끝에

최경옥(崔鏡玉) 시인

건국대학교대학원 유아교육과 석사 졸업
월간모던포엠 시부문 신인상
2011 월간모던포엠 시부문 동상 수상
저서 [기쁨꽃]
공저 〔바람타는 하늘에〕 외 다수

e-mail ; naya0130@hanmail.net
전화 ; 010-5154-2591
주소 ; 380-774 충주시 용산동 영진아파트 103동 201호

가을 길에서

가을 한낮, 소나기에
고단한 잎들이 진다

꿈꾸는 비상의 날개로
바람 속 맑고 청아한 울음소리로
뜨거움 토하는
붉은 이파리로 타오르기까지

아득한 뿌리와
서로 닿지 않는 한계를 초월하여
잎으로 매달려
부지런히 살아온 지난날
후회는 없다

소나기 혹은 바람이 아니어도
때가 되면
아낌없이 버리고
돌아서야 한다고
문신처럼 가슴에 새겨 넣는
아릿한 가을날

발밑에
눈시울 붉어진
때 이른 단풍잎 하나

시작메모

자연의 순리를 생각합니다.

때가 되면 버릴 것 버리고 돌아서야 한다고 중얼거리다 읊조린 시 한 가닥,

세상 살아가는 일도 발아래 산들을 굽어보는 마음이기를 바래봅니다.

'집착'은 스스로를 불행하게 만드는 불순물 같아서 지나는 소나기에라도,

부는 바람에라도 언제든 놓아야 한다고 중얼거립니다.

발밑에 때 이른 빨간 단풍잎 하나가 가슴에 들어와 잔상으로 남던 날…

정화(淨化)

바닥에 가라앉은
잡다한 오물
한바탕 휘젓고 퍼올리니
엑스레이에 찍힌
앙상한 뼈마디의 빈곤함 같은
숨길 수 없는 맨몸 밑바닥

샘의 원천은 그대로인데
분간하기조차 어려운
불투명의 혼란

둥근 샘 속에 하늘을 담고
초록 잎새 띄우는
정갈한 기다림으로
스스로 거를 것 걸러내고
아래로 아래로 하강하는
정화(淨化)의 침묵

선유도 책바위

재잘대며 흐르다 모서리 닳아져
소리치지 않는 강줄기가 되어
언젠가 닿게 될 무심(無心)의 푸른 바다

깨지기 쉬운 질그릇으로 태어나
한평생, 위태로운 운명을 짊어지고
파도치는 눈물의 골짜기 지나며
닳아지고, 뒤틀려진 시간

용서하는 일보다, 잊는 일보다
더 힘들고 고통스러운 건
생긴 대로,
있는 대로,
함께 가야 할 운명이라고 다독이며 사는 것

숨 막히는 뒤틀림이 비경이 되기까지
세월의 흔적으로 제 모습 잃었지만
이제 남은 소원 하나, 조용히 바다에 닿고 싶다

푸른빛으로 함께 물들어가며
자기변명 필요없는, 깊어지는 바다의 일부가 되어
상처는 아물고, 기억은 잊히고, 눈물은 마른 뒤에
소금기로 채워진
무심(無心)의 푸른 바다로

야영지 숲에서

바랑을 짊어지고
숲으로 들어온 도시인들이
수행길에 들었다

집채만 한
소유와 집착은 버려두고
작은 것에 기대어 살아보려는
무소유의 현장이다
이 숲에 들면 고뇌란 없다
얼음장 같은 계곡물에
아이들의 웃음소리로
몸을 씻거나
납덩이 같은 일상을 토해내고
동동 떠서 낙엽이 되기도 한다
시원한 물소리, 솔바람 속에서
몸도 마음도 모두 씻겨
욕망의 때가 벗겨졌을까?

맑은 가난이 주는 소리를 듣기 위해
사람들은 무욕의 숲으로
밀물처럼 쏴아 모여드는데

풀숲에선 끊임없이 휴대전화가 울고
사나흘로 해탈하는 일이 쉽진 않다

새날

흐려진 마음의 창부터
투명하게 닦는 날
쓰러진 깃발은
다시 일으켜 세우고
단절의 벽을 넘어
담장을 넘는 담쟁이에게
손을 흔들어준다
붉은 생채기의 시간은
내일의 이정표로 걸어두고
호흡 가다듬고
가벼이 가리란 다짐
꿈을 놓지 않으면
느릿느릿 기어오를지라도
다시 시작할 수 있으니
새날, 고맙다

시인촌 동인시집 제10집

가장 높은 가지 끝에

황을선 시인

월간 [한국시]로 등단
시인촌 동인
제천 시립도서관 문예창작과정 2년 수료
공저:[머물다 간 자리] 동인작품집

E-mail : bbnn3212@hanmail.net
주소 : 390-811 충북 제천시 송학면 도화2리 광암로 49-4
전화 : 011-9397-7089

가는 봄은 가더라도

봄은 노루귀꽃으로 다가왔다
눈 속, 3월의 지루한 기다림에 먼 듯하더니
눈 보자기 쓴 노루귀가 보랏빛 꿈을 깨웠다
올해는 몸이 좋아지려나! 예감은
녹음 짙은 바람 한줄기로 내려오고
부지런히 한 포기 한 포기
봄 마당을 만든다
이름모를 야생화의 환희를 섞어
희망이 절로 크는 마음의 마당되고
날로 늘어가는 봄꽃들,
봄도 늘려간다

작은 이유도 때론 희망이다
사흘은 억지 긍정인 세상, 하루쯤은 비관의 세상,
절망하던 시간도 이젠 풀려나려나?
자유롭다
봄이기에 더 아름다운 꽃밭,
가는 봄은 가더라도
여름꽃은 또 다가오려니

시작노트

'산전수전 다 겪는다'는 말이 나의 단어가 될 줄이야.
고양이 걸음으로 숨어들어온 신장병에 삶은 자꾸만 엉키고,
왜 하필 나냐고 분노하던 날도 세월이 가며
잊은 듯 익숙하게 세상을 살았지만
깊은 외로움은 나를 속이지를 못했다.
어느 날 눈 속의 그 앙증맞은 꽃 한 송이를 보다가
그 놀람과 환희에 절로 희망이 솟는다.
노루귀꽃으로 인해 내게 온 봄을 만끽하고
그 자리에 머물지 못함이 안타깝지만 잡아둘 수 없는 봄의 화신,
세월은 자꾸 수레바퀴를 굴린다.
계절을 맞고 또 보내고, 계절을 맞고 보내고,
인생은 이런 거겠지?

사랑 방정식

한바탕 눈이 온 뒤,
빈 쭉정이 매달린 마른풀 가지에
하얀 꽃이 피었다

삶의 경이로움,
한겨울, 슬며시 새어드는 햇살을 몸속 가득 채우면서
겨울을 뚫고 먼저 핀 풀꽃,
고요한 생명의 외침을 꽃 피워 보여주며
서성여주는 우정, 사랑

마른 풀 위에 하얗게 꽃을 피운
말 없는 영혼의 몸짓,
산, 산이 겹친 고적한 외로움이라 해도
가슴이 먼저 아는 사랑,
내 사랑은 늘 첫사랑이고픈 갈망이었지

티끌이 묻어도 눈을 굴려
눈꽃 같은 사랑,
마음속 눈사람을 만든다

누군들 희망을 이야기하고 싶지 않으리

앞산 숲이 없어졌다
꽃도 새도 가슴 무너지는 소리에 함께 무너지고
세상이 지워졌다 눈 내린 산,
폐허를 뒤지듯 눈길로 산을 헤쳐 숲을 찾는다

하얗게, 수북이 빠져 없어진 내 머리칼도
혹시나 혹시나 미래가 있을까
모자를 하나 샀다 모자조차
초라하다

쌓인 눈 녹은 후의 숲은 다시 돌아왔지만
빠져나간 머리카락은 돌아오지 않았다

희망조차 빠져나간
내 산에도 차츰 나무가 들어서고
짤막하게 돋아나는 머리를 만져보며
누군들 희망을 얘기하고 싶지 않을까

몰래 숱 많은 머리칼 날리며
산언덕에 서 있는 꿈을 꾼다

꽃에 거는 마음

기다림이 아침시간을 꿰맨다
자두나무 하얀꽃 아침이슬을 털어내는
새 한 마리,
소망을 물어다 놓은 나무에
마음이 걸려 흔들린다

기다림은 지루한 몸살이다
간밤 내내 뒤흔들던 바람에도
나무 위에 핀 꽃이 세상을 꼭 붙잡고 있음을 확인하고
지옥과 천당을 왕복한다
희망을 가져야지
마음 한번 돌리면 그곳이 극락이라 하지 않더냐
봄바람은 세차도
봄을 몰고 오는 소리려니,
꽃은 가도 가을의 일기장은 이미 무지개 빛이다

꽃 한 송이에 내 마음의 세상이 걸려 있듯
기다림의 시간도 길었지만
자두꽃은 떨어져도
희망이 제 먼저 달리는 아침이 된다

자연이 허락한 여유

꽃이 핀 뒤
내 마당에서 보는 나비는 더 신비하다
내 마당에서 보는 꽃은 유난히 더 앙증맞다

어느 날 부턴가 자연 속의 나를 본다
노루귀가 피어 봄이 잘 오고 있구나,
제비꽃이 피어 봄이 깊어지고
보랏빛 난초가 피고 핑크빛 달맞이꽃, 매발톱, 금낭화꽃
여름을 밀고 오는 것이 보인다

길가에 어우러진 노란 코스모스가
달력을 넘긴다

유유자적 모서리가 닳듯
흐르는 세월
세상 한 바퀴 돌았더니
꽃이 보인다

청빈이 스미게 하는 자연의 힘은
깨달음을 잊고 사는 본심을 일깨우는 것을,
자연은 넉넉한데 바늘 꽂을 자리도 찾지 못했던,
다스리지 못했던,
갈등이 더 부끄러웠던 날,
자연에 기대니 마음이 자유롭다
꽃들과 눈 맞추니 해탈이 따로 없다

시인촌 동인시집 제10집

가장 높은 가지 끝에

허종명 수필가

부산대학교 사회사업학과 졸업
숭실대학교 노사관계대학원 경영학 석사
월간 모던포엠 수필 등단
시인촌 동인
월간모던포엠 이사
세계모던포엠작가회 회원
달빛문학회원
동아건설(주) 근무
(주)동일기술공사 근무
서울지방노동위원회 사용자 위원

e-mail ; jmhuh77@hanmail.net
전화 ; 011-284-9400
주소 ; 412-738 경기도 고양시 덕양구 화중로 164 화정동
은빛마을 544동 1301호
(031) 8132-3356

귀향 소년의 소치기

태어난 고향, 합천군 가회면 덕촌리를 떠난 것은 아마 다섯 살 때 겨울이었을 것이다.

우리 가족이 이불을 뒤집어쓰고 쓰리쿼터의 화물칸에 간소한 세간살이 물건들과 함께 실려서 어디론가 이사를 갔던 기억이 흐릿하게 남아 있다. 나중에 들으니 그곳이 '경남 진주' 라고 했다. 진주에서 4학년 1학기까지 마치고 여름방학을 하자마자 고향으로 돌아왔다. 고향을 떠난 지 7년 만이었다. 그해 초여름 할머니가 돌아가시자 효성이 지극했던 아버지께서 홀로되신 할아버지를 봉양하기 위해 귀향을 결정했기 때문이었다.

고향집 마구간에는 송아지를 면하고 쇠뿔이 제법 자란 작은 수소가 한 마리 있었다. 비쩍 마른 데다 눈만 커다란 것이 '나를 닮았다고' 들 했다. 이 소를 돌보는 일이 고향에 돌아온 나에게 주어진 첫 일이었다. 처음에는 소가 무섭고 다룰 줄도 몰라 소 몰고 나가는 것이 두려웠다. 여름방학 동안 동네 아이들과 어울려 소먹이는 일을 하면서 소모는 법도 배우고 친구들도 하나 둘 사귀게 되어 차츰 시골생활에 적응되어갔다.

우리 고향 마을에서는 여름철이면 공동으로 소를 쳤다. 개울가 소나무 숲에 집결하여 적게는 10여 명, 많게는 20여 명이 모여 인근 산골짜기로 함께 소 먹이러 갔다. 고향에는 '범리골' 이라는 길고 큰 산골짝이 있었다. '범리골' 은 가운데로 물이 맑게 흐르고 골짜기 양쪽으로 산 능선을 따라 크고 작은 봉우리가 안쪽으로 이어지면서 많은 작은 골짜기들을 다시 만들어 내고 있었다. 전해 내려오는 말에 의하면 아흔아홉 골이라 했는데 한 번도 세어 보지는 못했다. 동네 아이들은 주로 이 골짜기로 소를 먹이러 갔다.

소를 먹이는 일과는 대개 이렇다.

점심을 먹고 나면 소 있는 집 아이들은 개울가에 있는 소나무 숲으로 소를 몰고 간다. 그날 함께 소먹일 아이들이 다 모였다 싶으면 먼저 대장을 뽑고(대개 연장자가 맡는다) 대장이 소먹일 골짜기를 정하면 그리로 소를 몰고 간다. 골짜기 입구에서 각자 자기 소의 고삐를 소의 목에 감아 묶어서 소가 자유롭게 풀을 뜯을 수 있게 한다. 소의 엉덩이를 툭툭 쳐서 소를 골짜기로 몰아넣는다. 대장은 소가 골짜기 밖으로 이탈할 경우를 대비하여 목동들을 좌우 두 패로 가르고, 골짜기의 좌우 능선을 목동 수만큼 나누어 각각 담당할 구역을 지정해 준다. 소들은 능선을 넘어가는 일없이 얌전하게 풀을 뜯으며 올라가지만 간혹 돌출 행동을 하는 놈이 있어 소를 찾느라 애먹는 경우도 있다. 소들을 골짜기에 들여 놓고 나면 한동안 자유시간이다. 이 시간에 아이들은 정자나무 그늘에서 깔래를 하거나 물레방아 놓기, 가재잡기 등 다양한 놀이들을 하면서 시간을 보낸다.

깔래는 돌이나 기와를 깨고 다듬어서 5개의 알로 만드는데 고르고 예쁘게 만든 깔래를 가진 아이들이 인기가 좋았다. 주로 여자 아이들이 이 놀이를 했지만 때로는 남자 아이들이 섞여 하기도 했다. 이 놀이에는 콩알 줍는 시늉을 하는 콩알줍기, 3개의 모듬 알 위에 하나를 올려놓는 솥걸기, 알 낳는 시늉을 하는 알까기, 소싸움 뿔 부딪치는 시늉을 하는 뚝딱이, 손등에 알 올려놓고 튕겨서 받기 등 재미있는 동작들이 많았다. 손놀림이 재바르고 섬세한 아이가 잘할 수 있는 놀이다.

물레방아 놓기는 역할을 분담하고 협동하는 입체적인 놀이다. 산골짜기에는 물이 솟는 샘이 더러 있다. 샘에서 흘러나오는 물길에 작은 수로를 내고 낙차를 만든다. 망개나무 열매를 따서 가운데를 매끈한 나무꼬챙이로 관통하여 물레바퀴의 축을 만들고 큰 가시를 따서 그 망개나무 열매에 돌아가며 역으로(넓은 쪽이 바깥으로) 촘촘히 꽂으면 물레바퀴가 만들어진다. 낙차 있는 작은 수로에 Y형 나뭇가지 두 개를 좌우에 꽂고 거기에 이 물레바퀴를 걸치면 앙증맞은 물레방아가 완성된다. 놀다가 목이 마르면 망개나무 잎을 따 깔때기 컵을 만들어 샘물을 퍼마시기도 한다.

해가 서쪽으로 기울기 시작하면 목동들은 놀이를 접고 소들이 올라간 골짜기의 양쪽 능선을 따라 소들이 있는 곳으로 올라간다. 골짜기 위쪽에서부터 아래로 "이랴 알로, 자랴 알로"를 합창하며 소들을 몰아 내려온다. 입구에 다다르면 각자의 소들을 찾아 목에 감았던 고삐를 풀고 소들을 몰아 땅거미 짙어가는 마을로 내려온다. 서로 작별인사를 하고 저녁밥 짓는 연기가 손짓하는 각자의 집으로 돌아간다.

소치기는 고향으로 돌아왔던 그해 여름 한철로 끝났다. 무슨 연유인지 모르지만 그해 가을 아버지는 이 소를 팔았다. 고향에 돌아와 첫 친구가 되었던 나를 닮은 소가 팔려가던 날 소리 없이 울었다. 말 못하는 소도 이별을 아는지 자꾸 돌아보던 그 모습이 한동안 눈에 어른거렸다.

동짓날 밤은 길었다

일곱 살 때쯤의 일이다. 우리는 진주사범학교(현 교육대학) 뒤에 만물부락이라는 조그마한 마을의 뒤편에 살고 있었다. 초가집이 있고 그 옆에는 참새 떼가 깃들이고 비둘기도 울어대던 작은 대나무 숲이 있었다.

대나무 숲 뒤에는 잔디밭이 있고 그 가운데 큼직한 봉분이 있는 무덤 하나가 있었다. 잔디밭 언저리에는 나무가 여러 그루 심어져 있었다. 향나무도 있고 측백나무도 있고 배롱나무도 있었다. 잔잔한 작은 꽃송이들로 나뭇가지를 빨갛게 뒤덮는 배롱나무를 그때는 백일나무라고 불렀다. 옛날에 명망 있던 집안의 산소로 작은 묘지공원처럼 조성해 둔듯하였다. 이 묘지공원은 동네아이들의 놀이터이며 씨름판이고 축구장이었다. 이 마을에 살던 때의 아련한 추억들이 많다. 그 많은 기억들 중 영원히 잊을 수 없는 한 사건이 있었다.

또래의 아이들과 개구쟁이 짓을 한창 하고 돌아다니던 시절이라 어디든지 공간만 있으면 우리들의 놀이터가 되었다. 하루는 꽤 길고 넓은 헛간 같기도 하고 창고 같기도 한 허름한 공장에서 아이들이 모여 놀았다. 여기저기 잡다한 작업도구들이 널려 있었고 그중 위쪽에 핸들이 달린 이상한 기계가 있었다. 처음 보는 물건이라 호기심이 일었다.

기계 사이 좁은 틈새에 발을 걸고 올라서서 여기저기를 살펴보고 있는데 바로 그 순간에 누군가가 핸들을 돌렸다. 나는 비명을 지르며 자지러졌다. 그곳은 찰흙을 빚어 전통 기와를 만들어 내던 공장이었고 그 기계는 기와의 귀퉁이를 잘라내어 기와의 귀를 만드는 기구였다.

다행히 내 비명소리에 핸들이 멈추었기에 망정이지 하마

터면 발가락이 잘려나갈 뻔했다. 그러나 엄지발가락이 기계에 눌려서 심하게 피멍이 들었다. 동무들에게 업혀왔는지 부축을 받고 왔는지 경황 중에 어떻게 집에까지 왔는지 정신이 혼란스러웠다. 집에 돌아온 후에 발가락은 부어오르고 아리기 시작했다. 얼마나 통증이 심했든지 그날 밤 한잠도 못 자고 울었다. 아들의 애처로운 울음소리에 애간장을 녹인 어머니도 내 곁에서 그 긴 밤을 날로 새웠다. 겨울밤이 그렇게 긴 줄을 그 전엔 몰랐다.

하필이면 그날이 동짓날이었으니---. 이튿날도 끙끙 앓으며 밤새도록 울었다. 그때의 고통이 얼마나 심했든지 그 뒤 수년을 지나 중학교 때 '동짓달 기나긴 밤 한 허리를 베어내어/춘풍 이불 아래 서리서리 넣었다가/임 오신 날 밤 이어든 굽이굽이 펴리라'는 황진이의 시조를 처음 감상할 때에도 그날이 생각나 몸서리를 쳤다.

아버지는 먼 곳으로 장사를 나가시어 집에 계시지 않았고 어디 계신지 알지 못하여 기별을 할 수도 없었다. 3일째 되던 날, 진주사범학교에 다니던 큰형이 방학이라 며칠 간 집을 비웠다가 돌아왔다. 내 엄지발가락은 큰 감자만큼 팅팅 부어올라 있었다. 이틀이나 밤을 새며 울어서 눈도 퉁퉁 부어 있었다. 이런 막내 동생의 몰골을 본 큰 형은 내 발을 붙잡고 "내가 일찍 왔어야 했는데---"하면서 눈물을 뚝뚝 흘렸다.

내 발등에 떨어지던 그 뜨거운 눈물의 감촉을 오십 여년이 지난 지금도 잊을 수가 없다. 형은 어머니께 '왜 병원엘 가지 않았냐?'고 탓하지 못했다. 이틀 밤을 아이를 붙들고 함께 울며 지새우면서도 병원에 갈 엄두조차 못 낸 어머니의 애타는 마음을 형은 알고 있었기 때문이다. 내가 어릴 때만 해도 병원이란 부자들이나 쉽게 찾는 곳이지 일반 서민들과는 너무도 먼 곳에 있었다. 형은 그 길로 나를 들쳐업고 어딘가로 갔다. 꽤 먼 거리였다. 병원은 아니고 어느 집이었는데, 지금 생각해 보면 형편이 어려운 사람들을 치료해 주던 무면허 의사 집이었던 것 같다.

의사선생님은 "왜 이지경이 되도록 내버려 두었냐!"고 형을 몹시 나무랐다. 형은 무슨 죄인이나 된 듯이 아무 말도 못하고 있었다. "조금만 더 늦었더라면 발가락이 썩어 들어갈 뻔했다"는 의사의 말을 나는 지금도 기억하고 있다.

의사선생은 마취도 안 하고 칼로 퉁퉁 부은 내 오른쪽 엄지발가락 한쪽을 사정없이 찢었다. 피고름이 매우 많이 쏟아져 나왔다. 발가락을 칼로 째는 데도 정작 나는 아픈 줄을 몰랐다. 안쓰러워 외면을 한 채 형이 내 고통을 감내하고 있었다.

이미 곪아버린 뒤라 칼로 찢었을 때는 오히려 시원했던 것이 아닌가 싶다. 그 뒤 여러 날 동안 형의 등에 업혀 다니면서 그 집에서 치료를 받았다. 시간이 하루 이틀 지나고 몇 달이 흐르면서 별 탈 없이 상처는 아물어 갔다. 그러나 그 발가락 상처가 얼마나 깊었든지 다 나은 후 초등학교 1~2학년 때까지 뜀박질을 잘하지 못하였다.

나의 엄지발가락 사건은 동짓날 그 기나긴 밤을 영원히 기억하게 하였다.

이 사고로 내 오른쪽 엄지발가락은 본래의 모습이 훼손되어 못난이가 되었지만, 나는 발톱을 깎을 때마다 내 발등에 떨어지던 형의 뜨거운 눈물을 생각하고 그 추운 겨울에 업혀 다녔던 형의 따뜻하고 듬직했던 등을 생각한다.

찬물 한 모금의 여유

중학교 때 과묵한 수학선생님이 계셨다. 체격도 건장하시고 음성도 굵은데다 말수까지 적은 편이어서 수학시간이면 분위기가 대체로 무거웠다. 선생님께선 이런 분위기를 아셨는지 가끔 수업시간에 희랍신화도 들려주시고 우리가 앞으로 살아가는데 새겨두어야 할 명언도 일러주시곤 하셨다.

그 중에 다른 것은 다 잊어버렸는데 "사람은 찬물 한 모금 들어갈 마음의 여유를 가지고 살아야 한다."는 말씀은 아직도 기억에 남아 있다. 중학교 2학년이던 철부지 시절에는 이 말뜻을 제대로 새겨들을 수가 없었다.

대학을 졸업하고 직장생활을 시작한 지 수년이 지나, 시골촌놈이 광야같이 삭막한 서울에 홀로 떨어져 객지생활의 쓴 맛을 보면서 세상살이에 조금씩 적응해 가고 있던 어느 날, 문득 이 말씀이 떠올랐다.

선생님께서 까까머리 중학생들에게 수업 중에 툭 던져주셨던 그 말씀의 참뜻을 십수 년이 지나고 나서야 비로소 깨닫게 되었다. '어떤 위급한 상황이거나 감정이 격앙된 경우일지라도 평정심(平靜心)을 잃지 말아야 한다.'는 이 말씀은 나이가 들어갈수록 직장에서 직위가 올라가고 사회적 책임이 무거워질수록 더 깊고 크게 나에게 다가왔다.

사람이 평정심을 잃게 되면 올바른 상황판단을 할 수 없고 적절한 대응도 할 수 없다.

위급상황에 쫓겨 급하게 대처하거나 격한 감정을 추스르지 못한 채 행동하게 되면 반드시 후회할 일이 생긴다. 격정의 순간에도 이 말씀은 그 순간을 참아내는 진정제가 되었는데, 이 말씀조차 생각할 겨를 없이 순간적으로 저질은 실수가 그동안 얼마나 있었던가!

큰아이가 고등학교 1학년 즈음이었다. 아이가 무엇인가 크게 잘못하여 극도로 화가 났다. 귀싸대기라도 때리고 싶은 충동에 호통을 치면서 손목에 찼던 시계를 아이 대신 내동댕이쳤다. 시계는 숫자판 유리가 깨지고 작동을 멈추었다. 시계를 수리점에 맡겼으나 수리비가 예상외로 많이 나와 시계를 포기해야 했다. 그 시계는 아내가 결혼 예물로 내게 주었던 소중한 물건이었다. 아들에게 품위 있는 아버지의 모습을 보여주지 못한 것이 부끄러웠다. 아내에게도 미안하고 시계도 아까웠다. 이럴 때 찬물 한 모금 마실 마음의 여유가 있었더라면 얼마나 좋았을까!

30년의 직장생활을 하면서 상하동료 간에 있었던 그 숱한 갈등들이 한순간의 감정조절을 못 해서 비롯된 적이 얼마나 되었던가? 친구를 만나 정답게 술잔을 주고받다가 사소한 오해의 말 한 마디에 흥분하여 오랜 우정에 상처를 낸 일도 있었다.

아비라는 명분으로 아이들의 잘못을 깨우친다고 불같이 화를 내고 때로는 매질도 서슴지 않았던 일이, 하루만 지나고 나면 '아이의 말을 찬찬히 들어본 후에 나무라도 늦지 않았을 것을!' 하는 후회가 한두 번이었던가? 늘 함께 사는 아내와의 다툼도 한순간만 늦추었다면 별일 없이 넘어갈 수 있었던 일이, 순간적인 격정을 참지 못한 탓에 몇 날 며칠의 냉전(冷戰)으로 이어지곤 했다.

전에 다녔던 직장에서 관리자 양성교육 강사를 맡고 있을 때, 직장생활에서 인간관계를 잘하기 위해서는 '역지사지(易地思之)의 지혜'가 필요함을 자주 이야기했다.

지금 다시 강단에 선다면 성공적인 직장생활, 행복한 삶을 위해서는 '언제나 찬물 한 모금 마실 마음의 여유를 가지라'는 말을 더 강조하고 싶다.

다급한 순간에도 긴장을 늦추어야 위기를 모면할 아이디어가 나오고, 격한 감정을 다스리고 나서야 역지사지해 볼 여유가 생길 것 아닌가? 앞으로는 아무리 다급해도, 아무리 열이 치받혀도 찬물 한 모금 마실 여유는 가지고 살자!

시인촌 동인지 시 해설

새로운 형식적 내용적 변화를 자각한 시적 경향

시인 유창섭

시인촌 동인지 시 해설

새로운 형식적 내용적 변화를 자각한 시적 경향

시인 유창섭

제10집의 동인지를 내는 시인촌 동인들의 시를 읽어보면 전에 비해 동인들의 시가 매우 다양한 색깔을 가지고 있다는 느낌을 받는다.

다양한 색깔을 가지고 있다는 것은 그만큼 "개성적이고 독특한 자기 세계"를 가지고 있다는 말이고, 각자의 시적정서를 표출함에 있어 새롭고 신선한 "자신만의 시적발현"을 기대할 수 있다는 말이 될 것이다. 현대시에서 요구하는 '새롭고 신선한 자신만의 시적발현' 이란 단순한 시적 표현 기교를 떠나 그 정서적 확장성이 큰 상징성을 함축하고 있는 시적 발현을 의미한다고 할 수 있을 것이다.

물론 이러한 경향이 갑자기 나타난 것이 아니라 상당히 오래전부터 나타나기 시작하였지만 그 경향이 시의 본령인 것처럼 인식될 만큼 비중을 두는 글쓰기의 경향으로 등장하기 시작한 것은 아마도 그러한 경향을 부추겨 온 "신춘문예"제도의 영향이 컸으리라고 여겨지고 있다.

이러한 새로운 형식적 내용적 변화를 포함한 글쓰기나 시적 경향이 무조건 나쁜 것은 아니다. 어쩌면 새로운 시대적 욕구가 그러한 감각적이고 표피적인 표현기교를 선호하였기 때문에 아주 자연스럽게 유포되고 그러한 경향이 그 중심에 서게 되었다고 보는 편이 옳을지도 모르겠다. 다시 말하면 과거의 표현 형식을 뛰어 넘는 "새로운 표현 형식으로의 이

동"이라는 자연스러운 모습의 하나일 수도 있다는 것이다.

그것은 우리의 시대가 매우 다양한 정보를 공유하고 그 넘쳐나는 정보 속에서 가치있는 정보로서 살아남는 새로운 감각의 "시적 정서"라는 새로운 "포장"이 필요했던 것이 아닐까 하고 생각되기도 하는 것이다.

이제 현대시는 강한 서정성을 내포한 새롭고 강렬한 인상을 주는 표현을 빌려 이미지를 구축해 가는 시대에 들어선 것이라고 할 만하다.

시인촌 동인들의 시에서 종종 그러한 경향을 발견해 내는 일은 시인촌 동인들의 시선이 과거의 틀에 묶여 있지 않고 현대를 살아가는 새로운 세상을 향해 열려 있다는 것을 의미한다.

지금부터 문학적 활동을 통해 서로의 장점과 단점을 교류하고 자신 스스로의 독자적인 시 세계를 창조해 가는 시인촌 동인들의 시를 통하여 정서적 감각적 속살을 만져 보기로 한다.

맨 먼저 만나는 구인순 시인의 시를 음미해 본다.

나부상(裸婦像) 스케치. 1

구인순

고요 속에 사각사각 켄트지 위를 달리는
연필 소리가 적막을 곡선으로 나눈다
깍지 낀 두 손,
살짝 치켜든 턱,
하늘로부터 내려오던 선이
어깨에서 매듭지어지는 굵고 짧은 팔,
탄력 있는 가슴 아래

생명을 키운 봉곳한 배,
그녀가 뿜어내는 호흡을 걸친 어느 산자락
팔부능선이다
삶을 이끌고 온 근육으로 우람하고 힘찬 다리,
대지를 굳게 디딘 실팍한 종아리,
투박하지만 힘이 넘쳐흐르고
봄에 씨 뿌려 가을 거두는
한 생을 살아온 선이 강한 여자
생명의 힘이 몸을 타고 내려와
지나온 세월의 삶을 부둥켜안고
생명을 키워 내던 욕망,
나부의 선을 만들었다

정물의 하나가 된 절제된 자세를 따라
강렬한 빛이 흘러내린다. 그 빛이
뚝뚝 떨어져
뭉쳐지는 의연함 속에 도드라진 선이 그려내는
여체가
숨죽이는 공간을 만든다.

"연필 소리가 적막을 곡선으로 나눈다"는 화실의 화가들이 뎃상의 주인공에 대해 열중하는 모습과 적막 속에서 "깍지 낀 두 손, / 살짝 치켜든 턱, / 하늘로부터 내려오던 선이 / 어깨에서 매듭지어지는 굵고 짧은 팔, / 탄력 있는 가슴 아래 / 생명을 키운 봉곳한 배, / 그녀가 뿜어내는 호흡을 걸친 어느 산자락 / 팔부능선이다"라는 실체 확인의 모습은 몰입정황의 절정이다.

나부(裸婦)의 호흡이 느껴지는 화실의 정경에 '몰입' 하여

"지나온 세월의 삶을 부둥켜안고 / 생명을 키워 내던 욕망, / 나부의 선을 만들었다"는 시인의 주관적 정서가 잘 어울린 한 편의 영상이다.

스케치 현장에 일고 있는 조용한 정신적 파문(波紋)을 이만큼 섬세하게 표현해 내기도 어렵다. 단순히 그 화실의 몰입에만 집중된 듯한 인상이 정서적 확장을 다소 제한하고는 있지만, 현장성과 집중이 잘 살아있는 시라고 할 수 있다.

다음에는 냉철한 마음속으로 들어온 가을을 노래한 시를 읽어 본다.

가을의 말씀

김세기

하늘은 높이 멀어져 가고
흰구름 고요히 떠도는 가을날
따스한 오후의 햇살 속에서
찬바람의 매서운 발톱 그림자를 본다

가을이 잠시 머무는 계절이라 느끼는 것은
뜨거웠던 심장이 식어가기 때문일까
계절을 이겨낸 저 나무는
새로운 시작을 위하여 온몸을 털어내는데

어울리지 않은 봄날의 꿈과
땀으로 배설된 한여름의 욕망
가진 것이 아닌 걸쳐진 모든 것을 버리는 가을,
뼛속까지 시리도록 자신을 드러내는 겨울을 견디기 위해
버리는 것이 얻는 것임을

가을이 온몸으로 말한다

김세기 시인의 "가을의 말씀"은 가을이라는 계절에 들어와 지난 삶의 순간을 반추하는 모습을 그려낸다.

"어울리지 않은 봄날의 꿈과 / 땀으로 배설된 한여름의 욕망 / 가진 것이 아닌 걸쳐진 모든 것을 버리는 가을, / 뼛속까지 시리도록 자신을 드러내는 겨울"이라는 언술은 마치 우리 인생에서 만나는 삶의 지나간 초상처럼 오버.랩overlap되어 나타난다. 그리고는 그 뒤에 하나의 낯익은 철학적 관점 "버리는 것이 얻는 것"이라는 매듭을 지워 그 함축성을 갈무리한다.

사물시에서 이러한 인상적인 모습을 그려내는 것도 좋은 것이지만 좀 더 곤고한 삶의 모습을 접목시켜 새롭게 치장하였더라면 더욱 그 의미가 깊어질 수 있었을 것 같다는 아쉬움이 없지 않으나 정서적 안정감이나 시를 통과하는 인식이 모자람 없이 잘 그려져 있다고 할 수 있는 시이다.

사랑은

김연덕

사랑은
스쳐 지나가는 바람으로 홑옷을 짓는 날

봄밤의 꽃과
봄밤의 달이 잠자지 않듯
내어주고 받아주는 보드라운 오르내림

하늘까지 올라가고

땅까지도 내려오고

밤새 따스한 마음끼리 취해
온갖 아름다움을 펼치는 의례를

얇지만 두텁고
짧지만 긴 하늘 옷을 짓는 일

사랑은
꾸밈없이 아름다운 홑옷을 입는 일

김연덕 시인의 끊임없이 "사랑"을 주제로 한 詩를 쓰며 집착하고 있는 시인이다. 이 시대에 "사랑"이라는 명제는 삭막한 시대적 배경에 가려져 인간성을 잃어가고 있는 이때, 매우 중요한 명제이면서도 너무 익숙한 소재여서 좋은 시를 쓰기란 여간 어려운 게 아니다.

그는 아주 감각적인 시를 창작해 낸다.

사랑을 그는 "스쳐 지나가는 바람으로 홑옷을 짓는 날"이라고 쓴다. 여기에서 '스쳐 지나가는 바람'이란 일상적으로 만나는 일과 그때마다 일어나는 마음의 상태를 의미하는 일일 것이다. 그 속에서 발견하는 '사랑'이란 인간에 대한 인간의 보편성을 가진 긍휼의 '사랑'일 것이다.

삶이란 자기 안에 존재하는 것들에 대한 "사랑"만이 아닌 인간적인 보편성을 가진 사랑을 아우르는 것일 때, 그 가치가 더욱 빛나는 것이라고 본다면 이 시는 그러한 인간적 심상을 잘 드러낸 시라고 보아 무방할 것이다.

다음에는 김종관 시인의 "비 오는 날은"을 읽으면 건설 현장에서 정신없이 바쁜 일상에서 비 오는 날이 쉬는 날이 되는, 겨우 일상에서 탈출하게 되는 시인의 마음을 드러낸 시이다.

비 오는 날은

김종관

비 오는 날은
모두 다 잊고 일탈을 하고 싶다.

야트막한 뚝방 위에
아늑한 천막을 치고 손깍지 끼고
그 속에 눕고 싶다.

후드득! 빗소리 들으며
소 뜯기던 어린 시절
잠시 회상에 젖고 싶다.

호박잎 우산 삼아
책보 둘러맨 까까머리
뚝방길을 뛰어가고

저 멀리 뚝방 끝
높다란 미루나무
연이 걸려 날고 싶어하는 곳

앞마당 풀섶에는
빠알간 꽈리나무

섬돌엔 까아만 고무신

봉당에선 할아버지가
작두로 소여물을 썰고
고염나무 뒤꼍
굴뚝엔 연기 모락모락 오르는
옛 시절 옛 내음

어느덧 뚝방 위 천막에는
추억이 익어간다.

시인은 “비오는 날“에 뚝방 위에 천막을 치고 누워 옛 시절을 회상하는 것을 꿈꾼다.

“책보 둘러맨 까까머리”라든가, “연이 걸려 날고 싶어 하는…높다란 미루나무”라든가, “섬돌엔 까아만 고무신”과도 같은, 그리고 요즘에 흔히 볼 수 없는 “굴뚝엔 연기 모락모락 오르는 / 옛 시절 옛 내음”을 그리면서 천막 속에서 “추억이 익어간다”는 시절로 돌아가고 있다.

우리의 바쁜 일상에 쫓겨 여유 없는 생활에 찌들린 삶에서, 과거의 가난했던 시절이라도 정신적 평화가 있었던 시절로 돌아가고 싶어 하는 현대인의 모습을 정감 있게 그려내고 있다.

다음에는 유일하게 시조를 쓰고 있는 김종기 시인의 맑고 투명한 마음을 들여다본다.

가여운 새, 착한 바람

김종기

눈 덮인 천지에서 무얼 먹고사느냐
손 시려 발 시려 배고파 울던 작은 새야
따스한 햇살을 베고 울 밑에서 조는구나

엄마 품에 안겨 노는 고운 꿈 깨울세라
바람도 뒤꿈치 들고 조심조심 비껴간다
심술궂은 바람이어도 착한 마음 있었구나

"가여운 새 착한 바람"이라는 제목이 말해 주듯, 동심 어린 노 시인의 눈에는 새와 바람의 어울림이 자연의 순리로 투사(投射)된다.

시인의 눈에 비친 "바람도 뒤꿈치 들고 조심조심 비껴간다 / 심술궂은 바람이어도 착한 마음 있었구나"는 구절이 얼마나 순수하고 아름다운가.

아직은 시조의 운율적인 기교를 활용하는 데에 다소 어눌한 면이 보이기는 하지만 시에 대한 열정만은 누구도 따르기 어려운 시인의 속내를 감지할 수 있을 것 같다.

이어서 박미숙 시인의 마음속 바다를 들여다본다.

가슴 속 바다
박미숙

쩍쩍 갈라진 밭 이랑
가뭄이 갈겨쓴 상형문자
하늘 향한 기도, 숱한 날

갈라진 몸, 고랑에 누워

빗소리에 신음을 토한다

가슴 속 말 들킬세라
눈치만 키가 자라
거친 손 애써 감추며
바람에 버무려 날려 보낸 한숨

한때는 청초한 찔레꽃이었을 당신
그 꽃송이로 슬어놓은 정(情)
이제 남겨진 건 쓸쓸한 뒷모습 뿐

간절한 묵언
빗방울이 되어
가슴 속 가득 채워질지라도
거북등이 된 삭신, 빗물 스며
눅눅한 세월로 흐르면 치유될 수 있을까

햇살을 당겨 느낌표를 걸어놓고도
마음은
시들시들 한 것을 그 누가 알까

세월의 더께
푸른 이끼 가득
마디마디 욱신거리는 흔적
비틀거리는 삶의 저편에서 접근해 오는
비릿한 가슴 속 바다는 여전히 풍랑주의보

여전히 비는 내리고

박미숙 시인의 “가슴 속 바다”는 비가 오는 날 시인이 만나는 여러 가지 상념이 혼재하는 바다다.

생명의 원천인 비(=물)를 기다리는 마음을 은밀하게 드러낸 “쩍쩍 갈라진 밭 이랑 / 가뭄이 갈겨쓴 상형문자”와 “가슴 속 말 들킬세라 / 눈치만 키가 자라”는 마음은 비가 내려도 그 갈증이 쉽게 치유되지 못함을 그려낸다.

“햇살을 당겨 느낌표를 걸어놓고도 / 마음은 / 시들시들한 것”을 보면 풍랑주의보 속에 오는 비는 아직 가슴을 꽉 채우는 비가 되지 못함을 말한다.

삶에는 완전한 만족이나 해갈(解渴)은 없는 모양이다. 아름다운 시이면서도 그 실체가 가려져 있어 내용이 다소 불분명하게 보이지만 심상의 출렁거림은 충분히 드러난 시로 읽힌다.

함축미를 중시하는 것과 실체의 이해를 통한 해석이 가능한 정서적 감동의 결합을 생각해 보게 하는 대목이다.

다음에는 인생의 담론이 잠언처럼 얽혀 있는 박옥하 시인의 시를 읽는다.

환승역

박옥하

유리창 안 가득한 얼굴들
생각에 생각을 채운 로댕의 모습으로
어디 쯤에서 또 다른 인생 길
꿈을 안고
열차에 실려 달려가고 있다
차창 밖으로 꿈들은 가지를 치며 드나드는데

시작의 정점은 찍혀있지 않았다
세상의 빛을 보던 그때부터
삶은
환승열차를 타고 온 것이 아닐까
가끔은 덜컹덜컹 흔들리는 차체처럼
흔들리는 세상 바라보며
핏줄처럼 갈라진 수많은 길
어떤 길을 선택 하여야 하는지
제자리에서 떠나지 못하고
잠시 멈춰 서있는 환승역

선택하지도 선택되지도 못한 망설임 앞으로
또 다른 열차가 떠나가고, 마주 달려오는,
창마다 다른 색깔들이 몰려와
스쳐 가는 삶

어느 한 세월, 어느 날,
길을 잃고 미아가 되어 서 있는 환승역
이미 또 다른 시작을 향한
그들의 몸을 실은 열차는 떠나갔다
차디찬 바람만 엄습해오는 삭막한 세상
발걸음도 얼어붙어 떨어지지 않는
이 길은 어디서부터가 시작일까
시작도 끝도 알 수 없는 환승역에서
돌아온다는 약속, 하얗게 지워졌을 그리움
무엇을 기다리고 있는 것일까

우리의 삶은 마치 "환승역"을 닮았다. 회자정리(會者定離)요, 생자필멸(生者必滅)이라.

누구나, 언제나, 삶에서의 만남과 헤어짐, 그리고 다시 만남은 일상의 일처럼 일어난다. 지하철 환승역에서 시인의 눈길이 멎는 차 안의 모습은 "유리창 안 가득한 얼굴들 / 생각에 생각을 채운 로댕의 모습으로 / 어디쯤에서 또 다른 인생길 / 꿈을 안고 / 열차에 실려 달려가고 있다"는 풍경이다.

자신의 모습도 그런 풍경 속의 하나로 치환되는 지하철 환승역은 하나의 깨달음의 공간이며, 아쉬움의 공간이다. "시작도 끝도 알 수 없는 환승역"이라는 인식은 그래서 절실하게 마음에 와 닿는다.

마음에 만나는 박종혁 시인의 "세차"는 그 시선이 독특하다.

세차

박종혁

어쩌다
무슨 일이나 있어야 하게 되는 세차에
동전 몇 개 넣고 땀을 뻘뻘 흘리며
구석구석 세월을 닦는다
엉덩이 쪽에
나이만큼 눌어붙은
기름때를 박박 닦다가
녹이 벗겨진 페인트 사이로
구멍이 숭숭 난 자리를 보았다
얼핏 보아 알 수 없었던 녹난 자리,
흐릿하게

엷은 녹물을 눈물처럼 흘리고 있는 자리,
오돌토돌하게 뭉쳐 있다

나와 오랫동안 살아온
그 사람도
어딘가 세월의 흔적이 생겼겠지
혹 마음 어딘가에
자잘하게 엷은 녹물을 흘리는
작은 구멍들이 생겨
홀로 구멍을 키우고 있을지도
모르지 어쩌다 그 마음
닦아내다가
흠찔 놀랄지도 모르지

시 "세차"에서는 시인의 눈길이 삶의 한 모서리, 보이지 않던 것들의 모습으로부터 전이되는 감성적 사색이 출렁거림을 본다. 오랫동안 함께 살면서 되돌아 본 적도 없는 고마운 사람---아내---에게 대한 새삼스러움이 인식되는 장면이 매우 진솔하고 아름답다.

"얼핏 보아 알 수 없었던 녹난 자리, / 흐릿하게 / 엷은 녹물을 눈물처럼 흘리고 있는 자리,"로 인식되는 생의 반려자에 대한 애틋한 마음이 미안함으로 바뀌어 "자잘하게 엷은 녹물을 흘리는 / 작은 구멍들이 생겨 / 홀로 구멍을 키우고 있을지도 / 모르지 어쩌다 그 마음 / 닦아내다가 / 흠찔 놀랄지도 모르지"라는 언술로 마무리 된다.

살아가는 동안 한 번도 느끼지 못한 듯 음지로만, 당연한 일로만 느꼈음직한 일에 대한 미안함을 "세차"를 통해 읽을 수 있다는 것은 시의 즐거움이 아닐 수 없다.

다음에는 탄탄한 시적 바탕에 깊은 사색이 넘실거리는 시적 정서를 발현해 내는 배동욱 시인의 시 "빈집.3"을 읽는다.

빈집. 3

배동욱

내 집은 그냥
너른 마당이어서
문을 따지 않아도
담장을 넘지 않고도
바람이 무시로 불어 오가고
세월이 드나드는 곳
내 곳간은 늘 비어있다

안다
어떤 도둑이
어느 날엔가 내 얼굴을 훔쳐가고
하나님 전 상서도 훔쳐가고
내 뼈를 하나씩 훔쳐가기 시작한 줄을
마침내 마침내
내 빈집을 훔치며
너른 마당에서 탄식을 하며
흘리는 그의 눈물을
내가 안다

배동욱 시인의 시는 암울하다. 그의 시선이 꽂히는 곳마다 그의 이상과 현실의 괴리가 크기 때문이리라. 그래서 그는 언제나 고독하고 외롭고 쓸쓸한 마음이 가득하다.

"자꾸만 자꾸만 불려나가 / 빈 것이 되어 돌아가는 그 자리는 / 꽃잎만 떨구고 서는 빈자리"(시 "먼 산, 먼 하늘")로 표현되는 "빈" 공간에 대한 그의 외로움은 너무 깊다.

"빈집.3"에서도 아무런 거리낌없이 "바람이 무시로 불어오가고 / 세월이 드나드는 곳 / 내 곳간은 늘 비어있다"는 빈 집의 모습이 아주 어둡고 습하면서 음울하다.

그의 말씀은 "어느 날엔가 내 얼굴을 훔쳐가고 / 하나님 전 상서도 훔쳐가고 / 내 뼈를 하나씩 훔쳐가기 시작한 줄을"로 표현되면서 언제나 도난당하고 있는 현실에 대한 고독을 증폭시킨다.

여기서 "하나님 전 상서"나 "내 뼈"는 그가 가진 희망이나 갈망에 대한 가장 진수(眞髓) 중의 진수이다. 시가 본디 카타르시스catharsis의 기능이나 심리적 보상compensation 기능을 가지고는 있지만 지나치게 절망감이나 퇴영적인 사고에 빠지는 것은 생각해 볼 필요가 있지 않을까? 앞으로는 아픔에 길들여진 시인의 마음이 밝은 빛과 희망을 노래하게 되기를 기대해 본다.

다음에는 평이한 목소리, 낮은 울림으로 시작되는 시 한 편을 음미해 본다.

가을 슬픔

석시한

억새 하얀 머리
강바람에 풀어 날리며
가을이 간다.

뜨겁던 여름 햇살
아직 머물러 강 위에서 부서지는데
사평리 강가에는 빛바랜 햇살만 뒹굴고

세월이 남기고 간 삶의 무게
억새꽃처럼 가볍게 흩날리고 싶은
지난날 행복했던 순간들, 힘겨운 순간들,
모두 감춘 소리
강울음이 되었다.

가을밤 별똥별 하나 긋고 사라지는 듯
짧은 영원의 순간
빛나던 젊음 떠나가는 아쉬움이
이 가을의 짐이 되었다.

석시한 시인의 "가을 슬픔"에서는 인생의 무상이 그려져 있다. 그러나 흔한 소재와 인식 속에서 그려진 심상은 흔하지 않게 새로운 깨달음으로 곁에 다가선다. 시적 단단함이란 바로 그런 것일 게다.

"억새 하얀 머리 / 강바람에 풀어 날리며 / 가을이 간다."는 구절이나 "지난날 행복했던 순간들, 힘겨운 순간들, / 모두 감춘 소리 / 강울음이 되었다."는 인식의 새로움, 그리고 "빛나던 젊음 떠나가는 아쉬움이 / 이 가을의 짐이 되었다."는 내면의 반성은 시를 읽는 우리에게 무언가 깊은 인식의 시간을 전해 준다.

그 인식을 찾아내는 것은 모두 독자의 몫으로 던지는 인식의 끌어당김이 잘 갈무리되고 있는 시이다.

꽃 지는 밤

손동욱

가득한 빗소리
속에 앉아 있다.
두 손을 가지런히 모으고
하늘에 계신 우리 아버지
이름이 거룩히 빛나시며 나라가 오시며
빗방울 소리가 소리에 부딪혀
소리에 의한 소리를 위한 소리의 나라
수천 수만의 빗소리를 비집고 그리움이
비눗방울처럼 위태로이 뇌리 속을
떠다니는
이런 날은 외롭지 않다
꽃잎은 어찌 질까 이런 날
빗금만 가득한 이런 날
생각만으로 눈두덩이 붉어지는 그 사람
빗금에 가렸다
무심한 휘파람 소리 하나
골목 길을 타박타박 걸어간다
가늘게 가늘게 빗금 치며 멀어져 간다
소리에 소리를 더하는
소리에 꽃이 지는 밤
하늘 가득 빗금 휘둘러대며
하늘한 시간들 뭉청 뭉청 흩어져 내리고
이런 날은 그대가 없어도
이런 날은 그대가 있어

외롭지 않다
꽃잎은 어찌 질까
생각이 자꾸
시간의 흔적 거꾸로 밟아 가는
이런 날

"꽃잎은 어찌 질까 이런 날 / 빗금만 가득한 이런 날 / 생각만으로 눈두덩이 붉어지는 그 사람 / 빗금에 가렸다"는 서정적 풍경에서 그는 교묘하게 그립다는 말 한 마디 없이 그리워하는 마음을 강화시키고 있다.

그래서 손동욱 시인의 시는 맛깔스럽다. 다소 긴 호흡의 시를 쓰고 있으면서 군더더기를 군더더기로 보이게 하기보다는 그 의미를 강화시키는 기교의 방향으로 인식을 끌고 가는 힘이 된다.

사색적 표현과 독자의 마음속으로 어울려 들어오는 시 속의 반복 중, 이런 날(6회)의 반복은 지나치게 많은 반복인데도 그 반복이 많다는 생각에 머물게 하지 않고 역설적으로 의미를 뒤집어 놓으면서 "이런 날은 그대가 없어도 / 이런 날은 그대가 있어/ 외롭지 않다"며 그리움의 심상을 드러내는 데에 기여하게 하는 기교를 나타낸다.

역시 빗금(3회)의 반복 속에 빗속의 그대 모습을 가두고, 지우고 하는 반복적 기교를 사용하여 그리움을 증폭시키는 기재로 활용하였다.

시가 기교의 중심이 되어서는 아니 되는 것이지만, 이러한 섬세한 기교는 시를 살갑게 만드는 요소가 될 수도 있음을 알려주는 시로 그 의미가 재창조되고 있다.

이번에는 투박하지만 소박한 정서를 시로 이끌어낸 심계순 시인의 시를 읽어 본다.

가을빛

심계순

삶의 무게도 힘겨운데
구부정한 등에 욕심을 한 짐 지고
정상에 오르니
해는 서산에 지고
산골짜기에 흘러내리는 어둠
단풍잎에 부서지는
가을빛

골짜기를 메우던 어둠이
손가락 사이를 감고 올라와
빛은 어둠에 안겨 잠이 든다
삶도 죽음도 서로 기대어 하나가 되는 시간,
숲들이 흘려보내는 시냇가엔
먹거미 한 마리 내려와
이 산 저 산을 잡아당겨
세상의 넓이를 좁혀 가고 있다.

심계순 시인의 "가을빛"에서는 소박하면서도 범상치 않은 인식의 번득임을 읽는다. 누구나 가을이면 느끼는 것 같아도 그 느낌이 각자의 마음에 닿는 부분이 다를 수밖에 없다.

가을의 모습을 "삶도 죽음도 서로 기대어 하나가 되는 시간,"으로 표현한 시인은 그 정서적 인식이 만물에 이르기까지 확장되어 거리를 좁혀 나간다는 생각을 담아낸다.

"먹거미 한 마리 내려와 / 이 산 저 산을 잡아당겨 / / 세상의 넓이를 좁혀가고 있다"는 생각이 바로 그러한 인식을 강렬하게 전해 준다.

마치 '먹거미'가 저승사자 같은 검은 모습으로 마음속에 던지는 이미지가 섬뜩하지 않은가?

시인은 가을 속에서 죽음과 삶의 대립각을 발견하고 있는 것이다.

빛의 사서함

이성준

문 열었다
빛의 그림자가 한 움큼 들어와 자리를 잡는다
아직도 더듬어 볼 일이 남아 있었나?
멈칫, 한참을 뒤척인다
비우고 채우는 일이 얼마나 남았는가?
습관처럼 일어나 하루를 살아온 날들
어디쯤인가 접힌 쪽지보다 더 작은 초라한 일이어서
피식 웃음을 남겨두고 일어난다
어디론가 사라진 조각을 찾아 나서다
하마터면 저 깊은 절벽 끝에 가서야 기겁을 하고
되돌아와 갇혀버린,
사금파리 조각들이 널브러져 있는,
방, 문 닫았다
접근 금지

이성준 시인의 "빛의 사서함"은 '빛'과 '어둠', 또는 '드러난 일'과 감추어진 일' 사이의 이야기를 우편 사서함과 같은 형식을 빌려 형상화시킨 시로 읽힌다. 제목부터 '낯설고' '수수께끼' 같은 무엇을 연상시킨다.

흔히 보이는 것들에 대한 사실인식과 보이지 않은 것들에 대한 사실인식의 차이에서 우리는 보이지 않은 것들의 비밀스러운 모습---어떤 의미에서는 보여주고 싶지 않은 모습---을 통해서 삶의 모습을 비교하여 주고 있는 모습을 본다.

"습관처럼 일어나 하루를 살아온 날들" 이나 "접힌 쪽지보다 더 작은 초라한 일"들과도 같은 일상에 의미를 부여하고 반추하는 일은 하나의 빛과도 소통하는 일이 아닐까?

끝까지 감추어버리고 싶은 마음 한구석에 '빛' 을 얻지 못한 일이 갇히는 방, 그 방이 비밀의 방이며, 빛이 들어올 수 없도록 유배시킨 사서함---매우 개인적인 것들이 보관되는---이라는 인식을 드러낸다.

다음에는 수필을 만난다.

(수필)
가을이 익다 의 일부

이순자

큰집에 들어서니 올케언니가 반갑게 맞아 주신다. 벼르고 별러 생색내듯 온 것 같은 마음에 멋쩍어 하는데 와줘서 반갑다고 더 호들갑스럽게 맞아 주신다. 이렇게 되면 상황은 역전이다. 정말 내가 언니를 위해 여기에 와 준 것 같은 상황이 되어 버린다. 그래서 간혹 칭찬이 독이 되는 경우가 이럴 때가 아닌가 생각한다.

이순자 수필가의 수필은 친근하다. 낯익은 모습을 그려내는 것뿐만 아니라 여러 가지 이야기가 정감을 느끼게 한다.

제목 "가을이 익다"라는 도입부터 눈길을 끌어당기는 맛을 보여 준다.

"벼르고 별러 생색내듯 온 것 같은 마음에 멋쩍어 하는데 와줘서 반갑다고 더 호들갑스럽게 맞아 주신다. 이렇게 되면 상황은 역전이다. 정말 내가 언니를 위해 여기에 와 준 것 같은 상황이 되어" 버리는 친근함과 미안함이 뒤엉킨 자신의 모습을 솔직하게 그려내고 있다.

이번에는 정서적 참신성과 시적 발상이 새로운 이재란 시인의 시를 읽는다.

배롱나무 가지에서 길을 잃다

이재란

어디서 떠났는지 알 수가 없다
길은 수없이 갈라져 있고
첫걸음도 내딛지 못한 무수한 길
노을빛 닮아 빠알간
배롱나무 가지 가리키는 길 따라
눈길 닿는,
해질 녘 머물 곳은 어느 곳일까

이제, 배롱나무 가장 높은 가지 끝에 쪼그리고 앉아
하얗게 촘촘한 길목 내려다보는데
모퉁이 돌아가는 푸른 옷자락
노을빛 꽃잎마다 스며드는데
먹빛으로 몸을 지우는 바다가 앞을 가로막으며
첩첩으로 돌아가는 길을 숨기는

검은 산, 불빛으로 밝히며
길을 찾아낼 수 있을까

내, 한 백일 동안
배롱나무를 사랑한 죄
가슴에 붉은 꽃 무수히 들어와 피는
이 저녁,
배롱나무 가지에서 길을 잃고
하얗게 뻗은 매끈한, 아픈 다리를 주무르면서
집으로 돌아갈 길, 찾을 수가 없다

이재란 시인은 '배롱나무'로 연결되는 길들이 어디에서 출발하여 그곳에 닿게 되었는지 모르겠다는 발상을 역설적으로 '배롱나무'에서 출발하는 길로 바꾸어 놓은 점도 '배롱나무"의 빨간 꽃이 상징하는 사랑이나 연민---그 대상이 아이들이거나 누구이거나 관계없이---이 폭넓게 확장되도록 은밀하게 장치한 점도 의미를 깊게 만들어 주고 있다.

집을 떠나온 마음이 배롱나무를 보며 자신을 일깨워 일으키는 곳, 아직은 혼돈처럼 보이는 그 꽃 아래에서 돌아갈 길을 염려하는 마음은 시인 자신의 것만이 아님을 암시하여 주면서 "내, ... / 배롱나무를 사랑한 죄 / 가슴에 붉은 꽃 무수히 들어와 피는 / 이 저녁,"으로 끌고 가는 이유와 힘이 느껴지게 만든다.

그리고 "하얗게 뻗은 매끈한, 아픈 다리를 주무르면서"라는 구절은 '배롱나무'의 줄기를 사실적인 것과 시인 자신의 아픈 다리를 병치시키는 의미를 아우르기 위한 구절로 해석된다.

다음에는 거친 호흡의 시적 기교를 드러내는 정선영 시인을 만난다.

설렘을 주는 방

정선영

읽다가 쌓아 둔 잡지가 있고
들기름 먹인 앉은뱅이 책상 하나
먼지 쌓인 책장 가득
오래 묵은 책들이 비스듬히 기대어 있다
한지 바른 격자무늬 문으로
살며시 새어드는 달빛
은밀히 방 안을 엿보는
집주인의 어린 딸 눈빛 같은 별
어둠 속 아련히 들려오는 물소리
풀벌레 소리에 귀 기울다가
시나브로 잠이 드는 곳
계절마다 찾아들어도
늘 다른 소리와 낯선 느낌
나는 잠들어도 잠들지 않고
노래 들려주는 산골 작은 방
어느 먼 여행길
해 저물어
낯선 집 문 두드려 하룻밤 신세지듯
목덜미에 깍지 낀 두 손 받치고 누우면
나그네가 되는 곳

정선영 시인의 "설렘을 주는 방"이란 어떤 방일까?

낯선 이방인이 찾아들어도 정감을 느끼는 방이며, 세상의 고요와 작은 침묵들이 함께하는 방이며, 낯설으나 평화를 느끼게 하는 고향 같은 방을 시인은 그려낸다.

"계절마다 찾아들어도 / 늘 다른 소리와 낯선 느낌 / 나는 잠들어도 잠들지 않고 / 노래 들려주는 산골 작은 방", 그 방에서는 어릴 적 기억들이 내면으로 들어와 마음에 작은 설렘을 주는 방이리라.

고즈넉한 평화가 그려진 정겨운 방에 대한 점감이 물씬 묻어난다.

수필로 단련된 필력으로 다져진 강한 서정성과 화목한 가정이 들여다보이는 산문시 한 편을 읽는다.

사천바다에서

진경하

물거품이 천천히 밀려나갔다가 날 보더니 잰걸음으로 달려온다.
사천 바다가 우리를 기억하고 있다니!

창백하고 쪽빛 명주처럼 고운 겨울의 사천바다 물빛, 산자락의 뜰 같은 한적한 사천바다에게 그리웠다고, 보고 싶었다는 마음을 주고받는 시간들이 첩첩이 쌓이는데,
가자미 물회를 뚝딱 비워내고 한걸음에 내달아 짧은 해안선을 따라 걸으며, 겨울 햇볕이 쏟아지는 차가운 바닷물에 마음을 맡긴다.

바다는 나이를 묻지 않아서 좋다.

숱이 적어지는 머리 때문에 가끔은 나이를 들켜 속상하고 슬프지만 세월을 감추려는 무겁고 답답한 모자를 벗는다.

동화 속에서나 볼 수 있는 바닷가 카페에서, 동화 속 오수(午睡)를 즐기는 남편,

아빠가 졸고 있는 모습을 카메라에 담으며 즐거워하는 딸들의 웃음소리,

쉴 새 없이 이어지는 딸들의 수다는 바다가 되고,

그 바다가 우리 앞에 닻을 내린다.

"사천 앞바다에서"는 매우 평이한 구조를 가진 산문시이다. 그러나 그 내면에 들어앉은 정신적 평화가 고즈넉해 보인다.

"아빠가 졸고 있는 모습을 카메라에 담으며 즐거워하는 딸들의 웃음소리, / 쉴 새 없이 이어지는 딸들의 수다는 바다가 되고, / 그 바다가 우리 앞에 닻을 내린다."라는 시적 표현이 이 시를 맛깔스럽게 장식한다.

산문시이면서 다소 수필적인 느낌이 있는 내재율을 갖춘 산문시로서 담백한 이야기가 들어앉았다.

최경옥 시인의 시는 단단함과 분명한 메시지에 방점이 찍힌다.

야영지 숲에서

최경옥

바랑을 짊어지고

숲으로 들어온 도시인들이
수행길에 들었다

집채만 한
소유와 집착은 버려두고
작은 것에 기대어 살아보려는
무소유의 현장이다
이 숲에 들면 고뇌란 없다
얼음장 같은 계곡물에
아이들의 웃음소리로
몸을 씻거나
납덩이 같은 일상을 토해내고
동동 떠서 낙엽이 되기도 한다
시원한 물소리, 솔바람 속에서
몸도 마음도 모두 씻겨
욕망의 때가 벗겨졌을까?

맑은 가난이 주는 소리를 듣기 위해
사람들은 무욕의 숲으로
밀물처럼 쏴아 모여드는데

풀숲에선 끊임없이 휴대전화가 울고
사나흘로 해탈하는 일이 쉽진 않다

"야영지 숲에서"라는 이 시는 야영지를 찾은 아주 평범한 사람들의 모습이 그려져 있다. 그들의 마음속에 있을 일상에서의 탈출이라는 의미를 시인의 눈으로 재해석해 낸 구조이다. 이러한 형식의 시는 다소 감상자에게 시인 자신의 감동을 강요하는 느낌으로 다가올 수 있는 것이므로 그 의미 전개와 호흡을 잘 조절하여야 그 의미를 자연스럽게 드러낼 수 있게 된다.

"사람들은 무욕의 숲으로 / 밀물처럼 쏴아 모여드는데 // 풀숲에선 끊임없이 휴대전화가 울고 / 사나흘로 해탈하는 일이 쉽진 않다"는 구절이 바로 '일상 탈출'과 그 소망을 방해하는 현대인의 삶으로 연결된다.

다음에 만나는 황을선 시인의 시는 오랜 투병생활을 하고 있는 시인의 소망과 희망을 담은 내용이 들어 있다.

꽃에 거는 마음

황을선

기다림이 아침시간을 꿰맨다
자두나무 하얀꽃 아침 이슬을 털어내는
새 한 마리,
소망을 물어다 놓은 나무에
마음이 걸려 흔들린다

기다림은 지루한 몸살이다
간밤 내내 뒤흔들던 바람에도
나무 위에 핀 꽃이 세상을 꼭 붙잡고 있음을 확인하고
지옥과 천당을 왕복한다
희망을 가져야지
마음 한번 돌리면 그곳이 극락이라 하지 않더냐
봄바람은 세차도
봄을 몰고 오는 소리려니,

꽃은 가도 가을의 일기장은 이미 무지개 빛이다

꽃 한 송이에 내 마음의 세상이 걸려 있듯
기다림의 시간도 길었지만
자두꽃은 떨어져도
희망이 제 먼저 달리는 아침이 된다

"새 한 마리, / 소망을 물어다 놓은 나무에 / 마음이 걸려 흔들린다"는 마음이 시의 화두로 등장하는 이 시는 내면의 아픔이 묻어나는 시작이지만, "나무 위에 핀 꽃이 세상을 꼭 붙잡고 있음을 확인하고 / 지옥과 천당을 왕복한다"는 그 고뇌의 순간이 지나고 끝까지도 희망을 버리지 않고 일어서는 의지를 "자두꽃은 떨어져도 / 희망이 제 먼저 달리는 아침이 된다"고 말하여 기다리는 시인의 세상을 어림하게 한다.

이미 많은 치료가 진행되어 건강이 많이 회복된 이 시인의 시는 어떤 모습으로 나타나게 될 것인지 기대를 걸어 본다.

우리 동인들의 작품 중에는 몇 분의 수필가가 있어 그 담백한 수필의 세계를 들여다보게 한다.

허종명 수필가는 수필과 병행하여 시를 창작하려는 준비를 하고 있는 수필가이지만 그 정신세계가 매우 순수하고 곱다.

(수필)
동지 밤은 길었다 의 일부

허종명

나의 엄지발가락 사건은 동짓날 그 기나긴 밤을 영원히 기억하게 하였다. 이 사고로 내 오른쪽 엄지발가락은 본래의

모습이 훼손되어 못난이가 되었지만, 나는 발톱을 깎을 때마다 내 발등에 떨어지던 형의 뜨거운 눈물을 생각하고 그 추운 겨울에 업혀 다녔던 형의 따뜻하고 듬직했던 등을 생각한다.

수필 "동지 밤은 길었다"에서 작자는 어릴 적 동네에 있는 묘지공원에서 '엄지발가락'을 다쳐 고생하던 기억 속에서 '형'의 따스한 마음과 우애가 넘치는 소중한 기억을 가슴에 각인하여 가지고 산다. 그래서 그는 "동지 밤은 길었다"고 그 시절의 아름답고 애틋한 시절의 이야기를 아직도 아름답게 기억하면서 삶의 한 부분을 채워가고 있는 것이라고 생각한다.

이제까지 각 동인들의 작품을 한 편씩 탐색해 보았다.

이들의 시에서 우리는 각 동인들이 가진 새로움에 대한 열정과 미래에 대한 가능성을 발견한다. 개성적이고 독특한 시세계를 통하여 끊임없이 자신을 드러내고, 독자와 교감하면서 내면적인 아름다움과 삶의 존재인식에 대한 고뇌를 읽어낼 수 있었다고 생각한다.

다만, 우리가 사는 세상에 대한 광정(匡正) 의식이나 사회적 약자, 또는 인간적 조건을 향상시키려는 시인의 냉정한 눈길이 다소 부족해 보인다는 점은 시인 각자가 고민해 볼 문제일 것 같다.

우리가 사는 세상이 모두 정상적이고 존재에 대한 인본주의적인 모습이 투영되는 이상적인 세상은 아니므로, 그에 대한 냉철한 시선과 성찰 또한 필요하다고 볼 수 있다.

시인은 그가 발 딛고 있는 현실에 대한 날카로운 감시자가 될 수 있어야 하고 그런 의식에 눈을 뜨고 있어야 한다는 것이 시인들에게 주어진 하나의 시대적 소명이다. 그런 의미에서 동인들이 지나치게 자신의 내면만을 들여다보고 있는 것 같은 모습은 시적 담론이 자아도취적 담론에 치우칠 우려가 있다는 점도 반성해 보아야 할 것이다.

이 시대의 시적 흐름은 다소 혼돈의 과정을 통과하고 있는 듯이 보인다.

다시 말하면 시인들 자신이 고뇌를 해야 한다고 믿기는 하지만, 무엇에 대해 고뇌를 해야 하는가? 하는 중심테제가 보이지 않는다는 점이다. 마치 안개 속에서 길을 찾는 모습처럼 보인다.

한 시대적 흐름은 각자의 삶의 형식에 따라 그 커다란 흐름이 형성된다. 그 중심에 한 시대의 표상이 될 과학문명이나 통신혁명 같은 기재들이 그 흐름을 선도해 가는 것처럼 시의 세계에서도 시적 흐름의 중심이 되기 위해서는 시인 자신이 시적 단단함을 갖추어야 그 중심에 서서 그 흐름을 끌고 가는 힘을 발휘할 수 있는 것이므로 동인 활동을 통하여 그 기초를 탄탄하게 만들어야 할 것이다.

시인의 길은 각자의 길이다. 그러므로 시인 스스로 자신이 가야할 "시의 길"을 찾는 작업도 시인 자신의 일이다. 그 길은 새로움의 길이다.

누군가 만들어 놓은 길을 좇아가는 길이 아니라 새로운 철학적 고뇌의 길이며, 새로운 아름다움을 창조하는 길이며, 새로운 시대적 좌표를 설정하는 길이다.

이제 동인들은 서로의 시를 통하여 서로를 위무하고 격려하며 경쟁적으로 새로운 독보적 세계를 창조하려는 의식을 가지고 앞으로 나아가야 할 것이다. 그것이 자신을 살려내고 활기찬 시의 아름다움을 창조해 내는 길이 될 것이기 때문이다.

그러기 위하여 보다 더 자신의 시에 집중하고 자신의 시를 더욱 탄탄하고 예각적 시선으로 담금질하기 위하여 노력하여야 할 것이다.

제10집을 내면서 “환호성”만을 지를 수 없는 이유가 여기에 있다.

그러나 이 같은 현실을 인정하고 이제까지 열정을 쏟아낸 동인들 모두에게 고마움과 축하를 보낸다.

가장 높은 가지 끝에

인쇄	2012년 12월 12일
초판 1쇄 발행	2012년 12월 14일
지은이	시인촌동인 23인
펴낸이	석시한
편집	모던포엠 편집부
웹디자인	김태완
펴낸곳	모던포엠 출판부 도서출판 **채운재**
후원	월간 모던포엠
주소	서울 중구 초동 155-1 덕양빌딩 505호
전화	02-704-3301
팩스	02-2268-3910
손전화	010-9184-5223
이메일	mopo64@hanmail.net
정가	10,000원